날씨언니 홍서연의
재미있는 날씨이야기

홍서연(SBS 기상캐스터) 지음
허창회(서울대 지구환경과학부 교수) 감수

■ **(주)고려원북스**는 우리들의 가슴속에 영원히 남을 지혜가 넘치는 좋은 책을 만들겠습니다.

초판 1쇄 | 2005년 9월 12일

지은이 | 홍서연
펴낸이 | 박건수
펴낸곳 | (주)고려원북스
편집장 | 설응도

판매처 | (주)북스컴, Bookscom., Inc.

출판등록 | 2004년 5월 6일(제16-3336호)
주소 | 서울 강남구 논현동 15-12, 유례카빌딩 4층
전화번호 | 02-3416-4646
팩스번호 | 02-3416-4640
e-mail | koreaonebooks@bookscom.co.kr
홈페이지 | http://www.bookscom.co.kr

기획 | 북케어 www.bookcare.net

copyright ⓒ Seo Yeon. Hong, 2005
copyright ⓒ Koreaone, Inc., 2005, printed in Korea
이 책의 저작권은 저자와 출판사에 있습니다. 서면에 의한 저자와 출판사의
허락 없이 책의 전부 또는 일부 내용을 사용할 수 없습니다.

값 9,500원

ISBN 89-91264-47-6
저자와의 협의에 의하여 인지는 붙이지 않습니다.
잘못 만들어진 책은 구입처나 본사에서 교환해 드립니다.

날씨언니 홍서연의

재미있는 날씨이야기

홍서연(SBS 기상캐스터) 지음
허창회(서울대 지구환경과학부 교수) 감수

(주)고려원북스

머리말

여러분 아세요? 해님, 공기, 물들이 펼치는 신기하고 놀라운 마술쇼의 비밀을요!

수소폭탄 400개가 한번에 터질 때만큼 엄청난 힘을 가진 태풍, 번쩍 하는 순간 주변 온도를 무려 2~3만℃(태양의 4~5배)나 올리는 번개, 우르르 쾅쾅 무시무시한 천둥, 손에 잡힐 듯하지만 보이지도 만질 수도 없는 바람, 볼 때마다 모양이 달라지는 변신의 천재 구름, 하늘에서 하염없이 떨어지는 비. 이 모든 것을 누가 만드는지 아세요? 바로 해님, 공기, 물이랍니다.

해님은 언제나 지구에게 따스한 미소를 보냅니다. 그러나 지구의 공기와 물은 환경에 따라 전혀 다른 모습으로 해님에게 반응합니다. 이러한 반응을 날씨라고 한답니다.

그런데 신기한 것은 게임에 규칙이 있듯이, 해님과 공기와 물에게도 놀이법칙이 있다는 것입니다. 공기와 물은 전 세계를 제멋대로 여행하며 아무렇게나 날씨를 만드는 것처럼 보이지만, 일반적인 자연의 법칙에 따라 움직이고 반응합니다. 그래서 그들의 비밀을 알아내면 숨겨진 자연의 법칙들을 알아낼 수 있고, 기상과학의 원리를 저절로 터득할 수 있습니다. 더 신나는 일은 우리 스스로가 기상예보관이 되어 내일의 날씨를 예측할 수도 있다는 것입니다.

와, 정말 멋진 일이죠! 자, 그럼 저와 날씨에 대한 탐정놀이를 시작해 볼까요?

학부모님께

당연한 것처럼, 매일매일 스쳐 지나가는 사소한 것처럼 느껴지는 날씨 속에는 엄청난 과학의 비밀이 들어 있습니다.

공기란 것은 유체이며(형태가 정해지지 않은), 비선형적이기(알 수 없는 값이 많은) 때문에 정체를 완벽히 증명하거나 예측한다는 것이 참 어렵습니다. 그저 단순히 물리만, 화학만, 수학만 알고 있다고 되는 것이 아닙니다. 공기의 움직임을 나타내기 위한 물리와, 이런 물리량을 풀기 위한 수학과 기체들 간의 변화된 모습을 알아내기 위한 화학과, 방대한 식을 풀기 위한 최첨단의 컴퓨터와, 또 생물학과 위성학 등 모든 과학의 분야를 필요로 하는 것이 바로 대기과학입니다. 대기과학은 첨단과학의 집합체라고도 할 수 있는 것입니다.

 그래서 날씨, 하늘, 공기의 움직임을 이해한다는 것은 이런 다양한 분야의 과학을 모두 접하는 것입니다. 우리와 가장 가까이에서 항상 변화하며 궁금증을 유발하는 날씨를 통해서, 어린이들에게 과학의 기초를 깨닫게 해줄 수 있습니다. 하늘의 움직임을 생각하고 그 속에 담긴 과학 원리는 터득한다면, 앞으로 어떠한 과학 분야도 어려움 없이 쉽게 받아들일 수 있을 것입니다.

기상센터에서 홍서연 드림

* 책 쓰기를 시작하고 마무리를 하는 내내 격려와 도움을 아끼지 않았던 서울대학교 정수종 박사님께 감사의 뜻을 전합니다.

감수의 글

우리에게 친숙한 것이면서도 대수롭지 않게 지나치는 것 중의 하나가 날씨입니다.

날씨의 중요성을 잘 알고 있음에도 불구하고 텔레비전에서 방송하는 일기예보가 대부분이 아닌가 하고 가볍게 생각하곤 하지요. 그러나 날씨는 여러분이 생각하는 것보다 훨씬 많은 것을 포함하고 그것을 이해하는 것은 정말 힘든 일입니다.

들판에 가끔씩 나타나는 작은 먼지 소용돌이로부터 온 나라를 거대한 폭풍우와 물난리에 빠지게 하는 태풍까지, 소용돌이의 크기는 너무나 차이가 납니다. 콧등을 살랑대는 잔잔한 바람으로부터 지구를 둘러싸고 있는 거대한 편서풍 파동(제트류)까지 바람의 종류도 다양하지요.

이 책은 날씨를 이루고 있는 많은 일기 현상들에 대하여 얘기하고 있습니다. 교과서에서 배우는 것보다 훨씬 쉽게, 그러면서도 다양한 일기 현상을 설명합니다. 매일 텔레비전에서 보는 친숙한 얼굴의 기상 캐스터가 어린이 여러분에게 들려주는 고마운 선물이지요.

서울대학교 지구환경과학부 허창회

추천의 글

날씨이야기를 찾아서…

살아가다 보면 사람들이 생각보다 날씨에 대해 참으로 관심이 많다는 것을 알게 됩니다.

자신의 직업과 관련하여, 혹은 레저활동을 즐길 때 날씨가 어떨까 하고 걱정하는 일이 많이 있습니다. 특히 어릴 때 학교에서 소풍가는 날이면 비가 올까 봐 마음을 졸이면서 밤잠을 설쳤던 기억이 누구에게나 있을 것입니다. 그 밖에도 직장의 야유회, 체육대회, 연인들의 만남에까지도 날씨는 많은 작용을 합니다.

날씨에 대한 관심은 경제적인 지출과도 관련이 있습니다. 더운 날이나 추운 날에는 냉방이나 온방을 해야 하므로 날씨는 이제 전기수요의 예측에도 아주 중요한 요인으로 발전했습니다. 극심한 더위나 극심한 추위 때에는 전기의 수요량이 폭발적으로 증가하고 있기에 전기를 아끼자는 소식을 뉴스를 통해서 자주 접했을 것입니다.

요즘은 기상관측망이 잘 발달되어 있고 첨단 장비도 잘 갖추어져 쉽게 기온이나 강수량 등을 알 수 있습니다. 조사되는 즉시 자료가 서비스 되기도 하는 시대입니다. 발달된 과학기술 탓에 우리는 가만히 집안에 앉아서도 컴퓨터를 통해서 세계 어느 나라가 현재 어떤 날씨상태인지를 알 수 있을 정도가 되었습니다. 정말로 편한 세상입니다. 하지만 그럼에도 불구하고 여전히 날씨와 하늘과 땅의 조화로운 활동을 100% 예측하는 것은 힘듭니다. 그만큼 자연은 넓고도 신비한 존재입니다.

이 책은 그런 오묘하고도 놀라운 자연의 숨겨진 비밀들을 하나하나 함께 풀어가는 재미있는 날씨 이야기 책입니다. 많은 어린이들이 이 책을 통해서 보다 날씨와 자연현상에 대해서 관심이 가지고 기상 과학에 흥미로운 눈을 뜨게 되기를 바랍니다.

기상청장 **신경섭**

추천의 글

　국민들에게 날씨를 전하는 일은 기상청에서 예보를 내는 예보관만큼이나 힘든 일 가운데 하나입니다. 정해진 시간에 적합한 말과 그림으로 실생활에 가장 필요한 정보를 쉽게 전해야 하기 때문입니다.

　홍서연 기상캐스터는 이런 점에서 여러 요소를 고루 갖춘 제대로 된 캐스터라고 할 수 있습니다. 대기과학을 전공한 기상학도답게 튼튼한 이론으로 무장한 것은 물론 5년간의 실무경험이 보태지면서 딱딱하기 쉬운 날씨정보를 부드럽게 만드는 특별한 재주를 지녔으니 말입니다.

　이 책은 홍서연 씨의 경험이 녹아 있는 귀한 정보의 보고입니다.
　꼭 필요한 생활정보인 날씨정보를 누구보다 쉽고 정확하게 펼쳐 보일 것입니다.

SBS 날씨팀 차장 **공항진**

차례

머리말 ·················· 4
감수의 글 ·················· 7
추천의 글 ·················· 8
차례 ·················· 11

하나, 날씨 이야기를 시작해 볼까요? ···· 16

1. 날씨는 누가 만드는 걸까요?　　　　　18
2. 대기층이란 뭘까요?　　　　　　　　　20
3. 공기들의 놀이법칙 1　　　　　　　　22
4. 공기들의 놀이법칙 2　　　　　　　　24

둘, 바람 이야기 ·················· 26

1. 공기의 힘을 느낄 수 있나요?　　　　28
2. 공기가 이사를 간다고?　　　　　　　30
3. 바람도 그때 그때 달라요　　　　　　32
4. 재빠른 땅과 느림보 바다　　　　　　34
5. 재미있는 바람의 이름　　　　　　　　36
6. 푄현상과 높새바람　　　　　　　　　38
7. 한눈에 보는 바람의 세기　　　　　　40

셋, 구름 이야기 ... 42

1. 구름은 어떻게 만들어지나요?   44
2. 먼지가 구름을 만든대요   46
3. 구름은 변신도 잘해요   48
4. 하얀 구름, 검은 구름의 비밀   50
5. 공기주머니 속 수증기들   52
6. 구름이 땅으로 내려왔어요, 안개   54
7. 이슬과 서리   56

넷, 비 이야기 ... 58

1. 물은 자꾸만 변하는 카멜레온 같아요   60
2. 하늘에서 떨어지는 물, 비   62
3. 이 세상에 똑같이 생긴 눈은 없어요   64
4. 일 년 동안 내리는 비를 모으면 얼마나 될까요?   66
5. 하늘을 움직이는 마법, 인공강우   68
6. 생태계를 위협하는 하늘의 재앙, 산성비   70
7. 하늘 위 거대한 건전지, 번개   72
8. 번개의 단짝친구, 천둥   74

다섯, 태풍 이야기 76

1. 지구의 에어컨, 태풍　　　　　　　　　　78
2. '바람 버스'를 타고 태풍이 와요　　　　　84
3. 태풍, 허리케인, 사이클론　　　　　　　　86
4. 수스폭탄 400개가 한번에 터지는 힘, 태풍　88
5. 무엇이 태풍을 잠재울 수 있을까요?　　　90
6. 슈퍼맨은 울트라 태풍쟁이　　　　　　　　92

여섯, 하늘빛 이야기 94

1. 하늘은 왜 파랄까요?　　　　　　　　　　96
2. 노을은 왜 빨갈까요?　　　　　　　　　　98
3. 무지개는 빛의 선물꾸러미　　　　　　　100
4. 흙먼지가 온통 하늘을 뒤덮어요　　　　　102
5. 백만 톤의 중금속 먼지가 쏟아져요　　　　104

일곱, 봄·여름·가을·겨울 이야기 ···· 106

1. 사계절이 생기는 이유 1 · 108
2. 사계절이 생기는 이유 2 · 110
3. 재미있는 계절 이야기 · 112
4. 기후란? · 118
5. 우리나라에 나타나는 기후 변화 · 120
6. 바람과 바다는 친구 사이 · 122
7. 바다와 기후 · 124

여덟, 변화하는 지구 ···················· 126

1. 공기는 지구를 덮고 있는 담요 · 128
2. 지구에 열이 나요, 지구온난화 · 130
3. 도시는 뜨거워지고 있는 섬 · 132
4. 늑대와 양, 두 모습의 오존 · 134
5. 지구의 양산, 오존층 · 136
6. 자연이 준 공기청정제, 숲 · 138
7. 빙하 시소 · 140

아홉, 일기예보 ········· 142

1. '맛있는 일기예보' 만들기　　　　　　144
2. 온도계의 원리　　　　　　　　　　　152
3. 하늘을 떠다니는 눈, 인공위성　　　　154
4. 간단히 그려 보는 일기도　　　　　　156
5. 거대한 공기덩어리, 기단　　　　　　160
6. 공기덩어리들의 힘겨루기, 전선　　　162

열, 날씨와 생활 ········· 164

1. 24절기를 아세요?　　　　　　　　　166
2. 습도가 높으면 불쾌지수도 높아져요　170
3. 생활 속 날씨 지혜　　　　　　　　　172
4. 날씨와 건강한 생활 1　　　　　　　174
5. 날씨와 건강한 생활 2　　　　　　　178
6. 기후에 적응하기　　　　　　　　　　180
7. 악~ 뜨거워 못살겠어! 악~ 추워 못살겠어!　182

하나,
날씨 이야기를
시작해 볼까요?

1. 날씨는 누가 만드는 걸까요?
2. 대기층이란 뭘까요?
3. 공기들의 놀이법칙 1
4. 공기들의 놀이법칙 2

1. 날씨는 누가 만드는 걸까요?

"내일 학교 갈 땐 어떤 옷을 입을까?"
"새로 산 반팔 옷을 입고 싶은데, 아직은 좀 쌀쌀할까?"
"오늘은 비가 올 것 같으니까 우산을 챙겨 나가야지."

이렇게 매일 달라지는 하늘의 상태에서 몇 달째 비 한 방울 없는 가뭄이 이어지거나 갑자기 큰 홍수가 나서 집이 떠내려가는 것까지 모두가 크게는 '날씨' 또는 '기상' 때문이라고 말할 수 있습니다.

이처럼 별일 아닌 작은 것부터 재앙이 될 만큼 엄청나기도 한 기상현상을 연구하고 변화를 예측하는 학문을 '대기과학'이라고 부른답니다.

그럼 이런 날씨는 누가 만드는 걸까요? 하느님? 아님 도깨비?

날씨를 만드는 가장 중요한 역할은 '해님'이 맡고 있습니다.

해님이 지구를 비추면 땅에선 뜨거워진 곳과 그렇지 못한 곳의 차이 때문에 바람이 생겨나게 된답니다. 또 해님이 바다를 데우면 수증기가 생겨서 구름이 만들어지고 비가 내리게 된답니다.

날씨는 이처럼 태양에 의한 공기와 물의 반응이라고 할 수 있습니다.

2. 대기층이란 뭘까요?

　크림으로 덮여 있는 생일 케이크처럼 지구도 공기에 둘러싸여 있습니다. 이 공기층은 우리 몸을 보호하는 피부와 같이 지구를 보호하고 있답니다. 눈에 보이지 않고 색도 없고, 냄새도 없고, 맛도 없어서 느낄 수 없지만 항상 우리 곁에 있습니다.
　지구를 덮고 있는 공기를 '대기'라고도 합니다. 대기는 대부분 질소와 산소로 만들어져 있고, 약간의 수증기, 탄산가스 등도 들어 있습니다. 지구 대기의 두께는 무려 수백 km나 되지만 공기의 99.9%가 겨우 30km 높이 안에 다 들어 있습니다.

지구 반지름은 6,400km. 이에 비해 대기권의 두께는 30km밖에 되지 않습니다.

① 열권 : 뜨거운 층. 위성이 돌고 있는 곳입니다.
② 중간권 : 공기가 거의 없고 중간권의 꼭대기는 무려 영하 90℃로 대기권에서 가장 온도가 낮은 곳입니다.
③ 성층권 : 자외선을 막아 주는 오존층이 있는 곳으로 날씨 변화가 심하지 않아서 비행기가 이동하는 길로 사용됩니다.
④ 대류권 : 비, 바람 같은 날씨 현상이 나타나고 공기의 움직임이 많은 불안정한 공기층입니다.

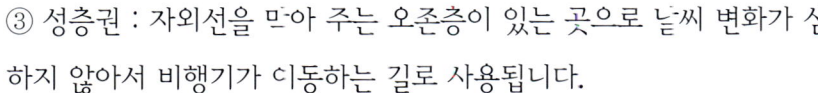

공기를 잡아 볼까요?

먼저 비닐 봉투를 준비하세요. 다음엔 입구를 두 손으로 잡고 벌립니다. 휘휘 저은 후 입구를 막아 보세요. 비닐 봉투가 빵빵하게 부풀어 올랐죠? 드디어 잡았습니다. 봉투 안에 들어 있는 것이 바로 공기랍니다!

3. 공기들의 놀이법칙 1

　우리가 놀이를 할 때 술래나 놀이규칙을 정하듯이 공기나 물, 날씨와 같은 자연현상들도 나름의 움직이는 법칙을 가지고 있습니다. 그래서 과학자들은 이런 자연현상의 기본적인 움직임을 찾아내려고 노력해 왔답니다. 오늘은 그 중에서 날씨와 관계된(공기가 갖고 있는) 중요하면서도 간단한 법칙 두 가지를 알려 줄게요.

 첫 번째, 자연은 항상 '공평'하지려는 성질을 가지고 있습니다. 태풍이 생기고 바람이 부는 이유도 공기의 이런 성질 때문이라고 할 수 있답니다.
 공평하다는 말은 예를 들면 이런 식이랍니다. 내가 사과 5개를 가지고 있고 친구는 사과를 3개밖에 가지고 있지 않다면, 내가 친구에게 사과 1개를 주어서 똑같이 사과 4개씩을 가지게 되는 것을 말합니다.
 지구는 공기가 가진 압력(기압)의 차이를 없애기 위해서 고기압에서 저기압으로 불어 나가는 바람을 만들고, 적도 부근에 쌓여 있는 열을 나눠 갖기 위해 태풍을 만들기도 한답니다.

4. 공기들의 놀이법칙 2

　두 번째는 공기나 바다 같은 기체와 액체가 움직이는 규칙입니다. 기체와 액체는 열을 받으면 부피가 팽창하고 밀도가 낮아져서 위쪽으로 상승하는 성질을 갖고 있습니다.

　크기가 같은 상자 안에 사탕이 3알 들어 있을 때와 9알 들어 있을 때, 어느 쪽이 더 무거운가요? 당연히 9알이 든 상자이겠죠. 이때 상자의 크기가 '부피'이고 사탕이 상자 안에 얼마나 들어 있는지가 '밀도'입니다.

　그런데 액체나 기체가 갖는 특이한 성질 중 하나가 바로 이 부피나 밀도가 온도의 영향을 받는다는 사실입니다. 온도가 높아지면 분자는 춤을 추기 시작합니다. 온도가 높아질수록 춤이 더 과격해지고 활발히 운동을 하게 되는데, 이때 더 넓은 무대가 필요해져 상자 밖으로 뛰쳐 나가는 녀석들도 생겨납니다. 그러면 상자에 남아 있는 분자의 수가 줄어들면서 무게가 가벼워지게 됩니다. 그리고 무거운 상자는 밑에 쌓이고, 가벼운 상자는 위로 올라가는 성질도 갖고 있답니다.

분자란?

이 세상 모든 것, 책상, 강아지, 옷, 여러분과 나, 지구… 이 모든 것이 물질이랍니다. 이런 물질을 작고 작게 쪼개어서 더 이상 쪼개어질 수 없는 가장 작은 단위가 되면 그것을 '원자'라고 합니다. 그리고 이 원자가 두 개 이상 달라붙어 있을 때를 '분자'라고 합니다.

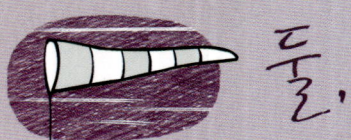 둘,

바람이야기

1. 공기의 힘을 느낄 수 있나요?
2. 공기가 이사를 간다고?
3. 바람도 그때 그때 달라요
4. 재빠른 땅과 느림보 바다
5. 재미있는 바람의 이름
6. 푄현상과 높새바람
7. 한눈에 보는 바람의 세기

1. 공기의 힘을 느낄 수 있나요?

공기는 우리 눈에 보이거나 만져지지는 않지만 항상 우리를 감싸고 있습니다. 게다가 내 몸을 누르고 있는 공기의 양은 생각보다 어마어마해서 무게로는 200kg이 넘는답니다. 이처럼 공기가 누르고 있는 힘을 '기압'이라고 합니다. 평소에 우리를 누르고 있는 기압에 대해서 느끼지 못하는 것은 위에서 공기가 눌러대는 힘만큼 양 옆과 아래, 또 몸 안 등 모든 방향에서 그 만큼 밀어내고 떠받쳐 주는 힘이 있기 때문입니다.

목욕할 때를 생각해 보세요. 먼저 욕조에 가득 채운 물을 우리가 들어 올리기엔 너무나 무겁습니다. 하지만, 물 속에 들어가면 물의 무게를 느낄 수 없게 됩니다. 우리를 누르고 있는 공기의 힘도 욕조 속의 물과 같은 이치랍니다.

또한 공기는 항상 움직이고 있기 때문에 어떤 힘이 주어지면 모여들기도 하고 흩어지기도 합니다. 주변보다 공기가 많이 모여 있는 곳을 '고기압'이라고 부르고, 반대로 주변보다 공기가 적은 곳을 '저기압'이라고 한답니다.

기압이란 것은 상대적이기 때문에 주변의 상태에 따라서 항상 달라집니다. 예를 들어서 입으로 풍선에 공기를 불어넣으면 풍선 안은 공기가 빽빽하게 채워져 고기압(High)이 되고, 풍선 밖은 상대적으로 안보다는 공기의 밀도가 낮기 때문에 저기압(Low)이 된답니다.

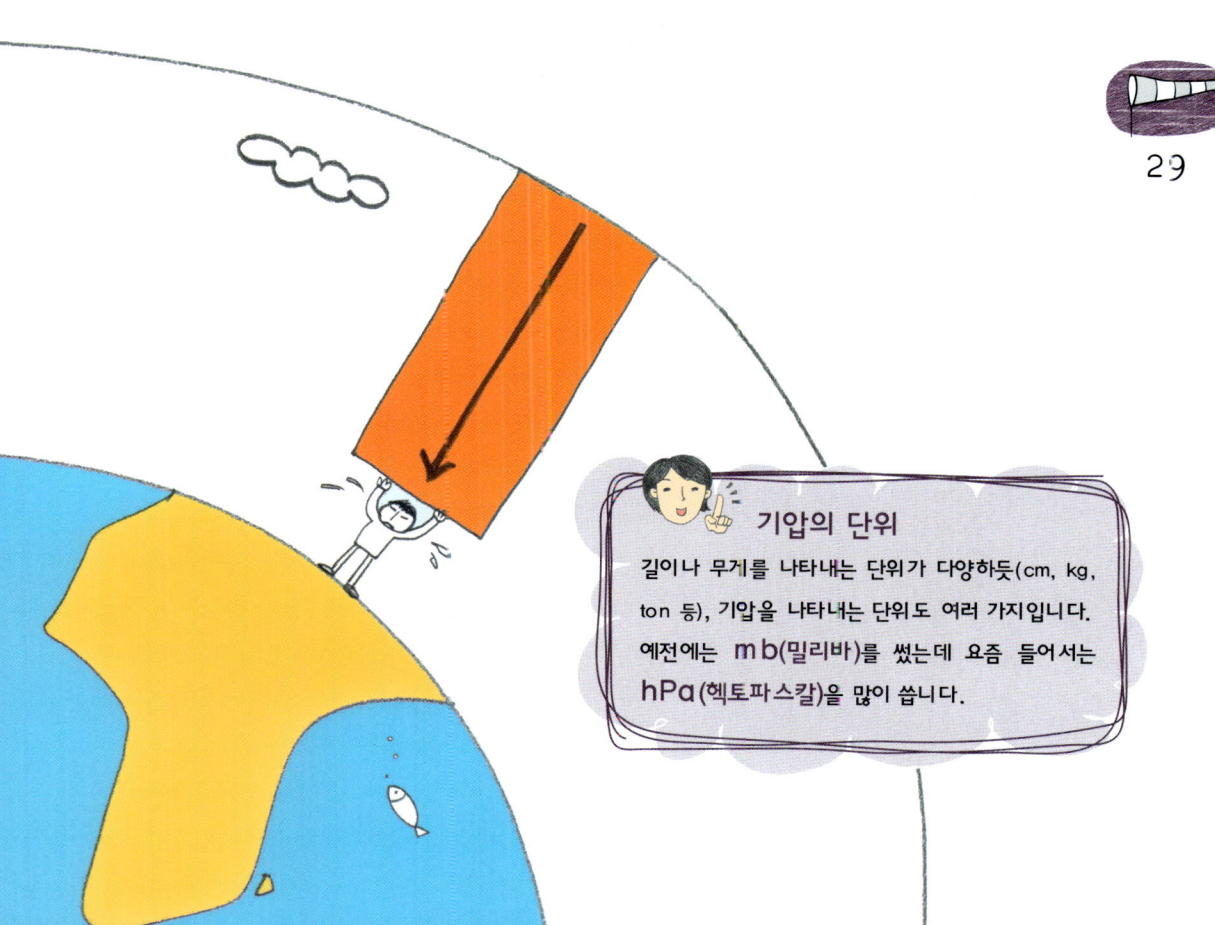

기압의 단위

길이나 무게를 나타내는 단위가 다양하듯(cm, kg, ton 등), 기압을 나타내는 단위도 여러 가지입니다. 예전에는 mb(밀리바)를 썼는데 요즘 들어서는 hPa(헥토파스칼)을 많이 씁니다.

2. 공기가 이사를 간다고?

　바람은 바로 이런 공기의 움직임입니다. 어떤 곳은 공기가 많이 모여 있기도 하고, 어떤 곳은 반대로 공기가 적게 모여 있기도 합니다. 이때, 공기의 균형을 맞추려는 성질 때문에 '많은 곳(고기압)'의 공기가 '적은 곳(저기압)'으로 이사를 가게 됩니다. 이 움직임을 '바람'이라고 합니다.

　따라서 기압(공기의 많고 적음)의 차이가 클수록 바람은 더 강렬해집니다. 이사를 가야 할 공기의 양이 많으니까요. 그리고 지구 어디에서든 공기는 움직이고 있기 때문에 항상 바람이 불고 있답니다.

저기압
바람이 불어 들어와 상층으로 솟아 올라갑니다.

지구의 자전 때…
시계방향으로 …
방향으로 불어…

지구에는 바람의 움직임을 만들어내는 **여러 가지 힘**이 있습니다. 먼저, 공기를 움직이게 하는 가장 기본적인 힘은 기압의 차이를 나타내는 '**기압경도력**'과 지구의 자전 때문에 생기는 '**코리올리 힘**'입니다. 그 밖에 '**마찰력**', '**구심력**' 등도 영향을 줍니다.

저기압 지역에선 구름이 만들어지고 비가 내립니다. 공기가 하늘 위로 솟아올라 가면서 기온이 낮아지면 공기 속에 있는 수증기가 냉각, 응결되어 비가 오는 것이랍니다. 반면에 고기압 지역에서는 많은 공기가 땅으로 내려와 기압이 높아진 상태를 말하는데, 이때는 구름 한 점 없이 날씨가 좋답니다.

북반구에서는 가고, 반시계 게 됩니다.

고기압 공기가 주변보다 빽빽이 모여 있는 곳으로, 바람이 불어 나갑니다. 공기가 불어 나간 공간을 채우기 위해서 상층에서 공기가 밀려 내려옵니다.

3. 바람도 그때 그때 달라요

공기의 움직임을 모두 바람이라고 합니다. 하지만 바람도 불어오는 방향이나 생겨난 이유 또는 크기 등에 따라서 각각 자신에게 꼭 어울리는 이름을 가지고 있답니다.

먼저, 바람은 '불어오는 쪽'을 기준으로 이름이 정해집니다. 북쪽에서 남쪽으로 불어오는 바람은 '북풍', 바다에서 육지로 불어오는 바람은 '해풍', 산의 골짜기를 타고 올라가는 바람은 '곡풍'이라고 한답니다.
그 밖에도 계절에 따라 변하는 '계절풍'이 있고, '무역풍'이나 '편서풍'처럼 지구 전체를 감싸고 돌 만큼 아주 크고 강력한 바람도 있습니다.

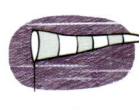

33

바람 타는 비행기!

비행기를 타고 여행을 할 때, 우리나라보다 동쪽에 있는 미국으로 갈 경우에는 '편서풍'을 타고 날아가기 때문에 비행시간이 짧아집니다. 하지만 반대로 미국에서 우리나라로 올 때는 바람을 가로질러 오기 때문에 비행시간이 좀더 길어집니다.

4. 재빠른 땅과 느림보 바다

 사람에 따라서 음식을 먹는 속도와 화장실을 가는(응가를 하는) 속도가 다른 것처럼 땅과 바다도 태양 에너지를 받아들이는 속도가 각각 다릅니다.

 땅은 태양 에너지를 빨리 받아들이고 빨리 내보내는 반면에 바다는 아주 느림보여서 햇빛을 받아들일 때도 땅보다 오랜 시간이 걸리고 내보낼 때도 서서히 내보냅니다. 그래서 바다는 육지보다 천천히 뜨거워졌다가 천천히 식는답니다. 그런데 이런 차이는 바다와 육지 사이의 공기 움직임에도 영향을 주게 됩니다.

육풍과 해풍!

(1) 한낮에 햇빛이 내리쬐기 시작하면 땅은 금방 뜨거워집니다.
(2) 뜨거워진 공기는 위로 올라가고, 땅 위의 하늘에는 많은 공기가 모여들게 됩니다. 고기압이 되는 것이죠.
(3) 대신 주변으로 공기가 빠져나간 땅 바로 위는 저기압이 됩니다.
(4) 이때 비어 있는 공간을 메우기 위해서 바다에서 바람이 불어오게 됩니다. 이것을 '해풍'이라고 합니다. 반대로 밤이 되면 육지에서 바다로 바람이 불어 나가는데, 이것을 '육풍'이 분다고 합니다.

5. 재미있는 바람의 이름

동풍, 서풍, 남풍, 북풍을 일컫는 순우리말은 각각 샛바람, 하늬바람, 마파람, 높바람입니다. 그 밖에도 재미있고 정감 가는 바람에 대한 우리말 이름이 많답니다.

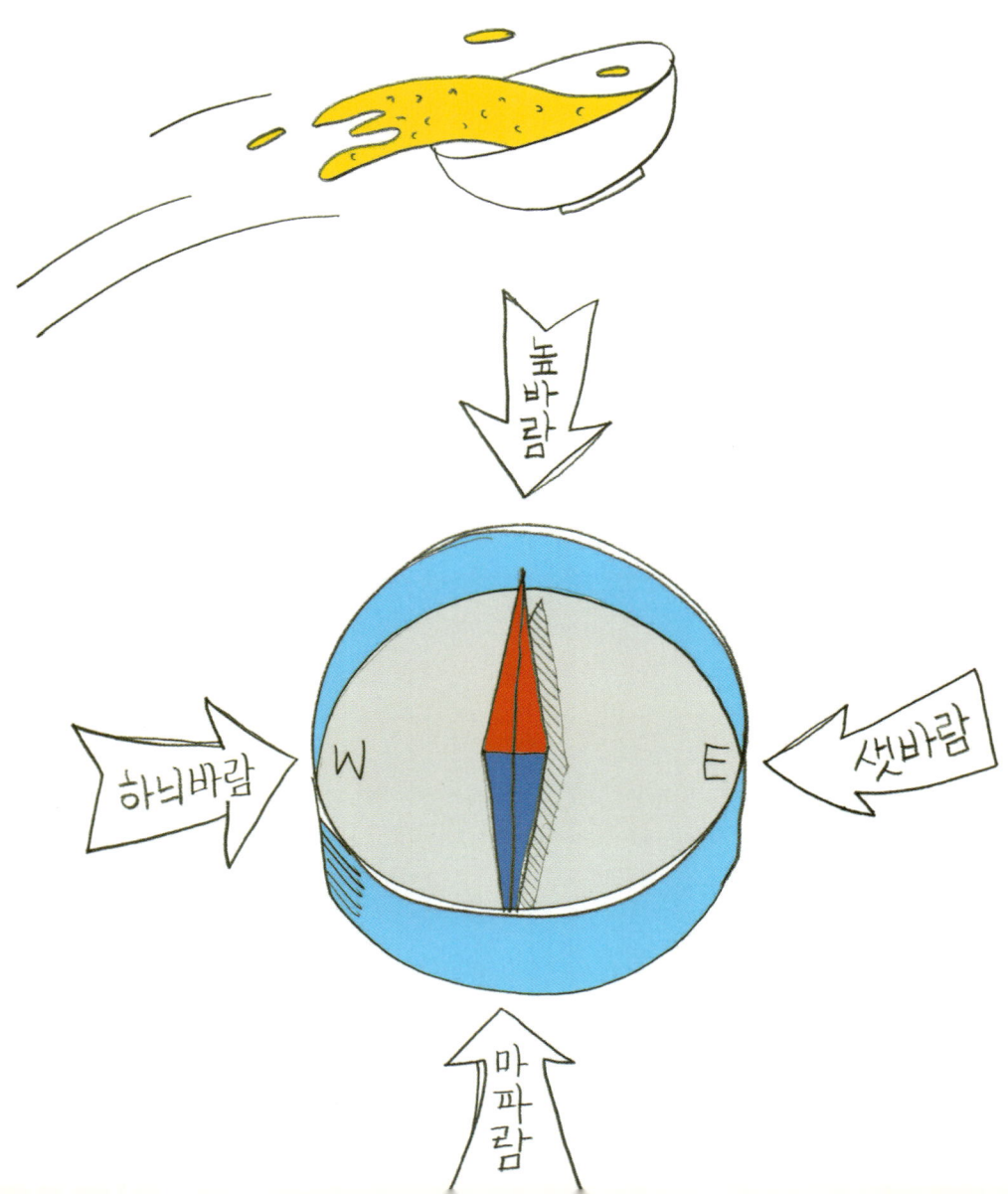

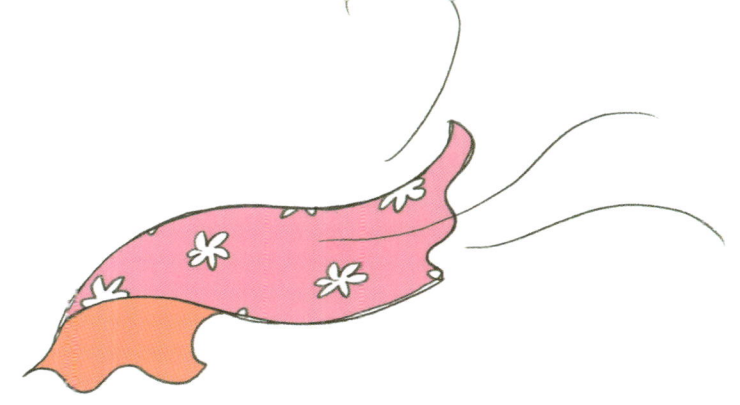

첫 가을에 부는 동풍을 '강쇠바람',
뒤쪽에서 불어와 치마를 들추기도 하는 '꽁무니바람',
맵고 독하게 부는 찬바람을 '고추바람',
보드랍고 화창한 바람을 '명지바람' 혹은 '명주바람' 이라고 한답니다.

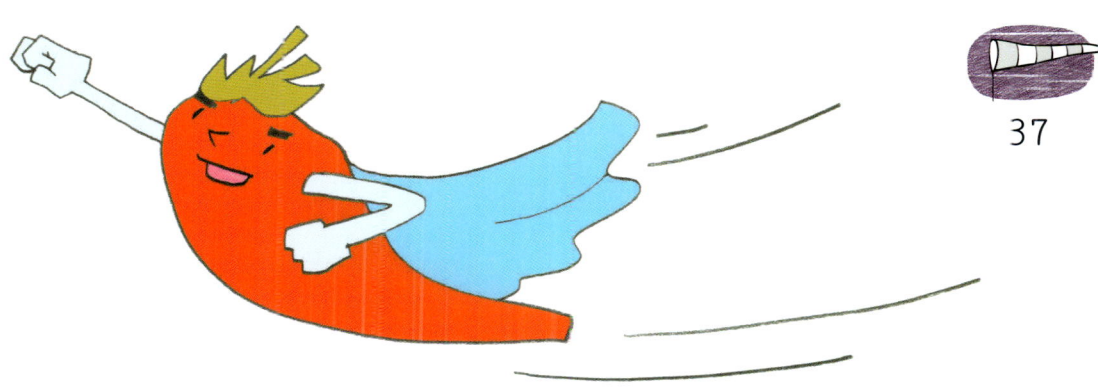

 육지의 모든 것을 싹 쓸어가고 바다에선 배가 뒤집힐 정도로 세게 불어 대는 바람은 '싹쓸바람', 모내기 할 무렵 계속 불어와 피죽도 먹기 어려울 정도로 흉년이 들게 만드는 아침 동풍과 저녁 북서풍은 '피죽바람' 이란 이름을 갖고 있습니다.

6. 푄현상과 높새바람

푄현상은 바람이 산을 넘으면서 생겨나는 변화를 말합니다. 일반적으로 수증기를 가지고 있는 차가운 공기가 높은 산을 넘으면 건조하고 더운 공기로 바뀌는 것을 의미합니다.

공기는 하늘 위로 올라갈수록 기온이 일정하게 떨어집니다. 따라서 바람이 산을 만나 상승하게 되면, 공기의 온도는 점점 내려가게 됩니다. 이렇게 기온이 낮아지면, 공기가 담을 수 있는 수증기의 양이 줄어들기 때문에 산 위에서 구름이 만들어지고 결국 비가 내리게 되는 것입니다.

이때 구름을 만들었거나 비를 뿌린 공기는 마치 물기를 꽉 짠 수건처럼 건조해집니다. 건조한 공기는 습한 공기보다 기온의 변화가 크게 나타나기 때문에, 건조해진 공기가 산의 반대편을 타고 내려올 때는 처음보다 큰 폭으로 기온이 올라가게 된답니다.

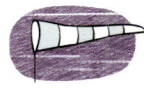

한편, 높새바람은 이름 그대로 늎바람 + 샛바람, 즉 북동풍을 얘기하는 것입니다. 높새바람이 불어오다가 태백산맥에 부딪히면 동해안에는 비가 내리지만, 그 반대편에 자리한 서울과 경기, 영·호남 지방에는 건조한 바람이 불어 가뭄 피해가 나고 기온은 크게 올라가게 됩니다. 특히, 봄철에 높새바람이 강하게 불면 산의 서쪽지역은 건조해지기 때문에 큰 산불이 나기 쉽습니다.

7. 한눈에 보는 바람의 세기

계급	이름	상태	풍속
0 계급	calm ; 고요	연기가 똑바로 올라 감. 정온	0.1~0.2 m/s
1 계급	light air ; 실바람	연기는 날리지만 바람개비는 돌지 않음. 지경풍	0.3~1.5 m/s
2 계급	light breeze ; 남실바람	얼굴에 바람이 느껴짐. 경풍	1.6~3.3 m/s
3 계급	gentle breeze ; 산들바람	가는 나뭇가지가 쉴 새 없이 흔들림. 연풍	3.4~5.4 m/s
4 계급	moderate wind ; 건들바람	먼지가 일고 종이가 날림. 화풍	5.5~7.9 m/s
5 계급	fresh wind ; 흔들바람	강물에 잔물결이 일어남. 질풍	8.0~10.7 m/s

계급	이름	상태	풍속
6계급	strong wind ; 된바람	우산을 받치기가 곤란함. 웅풍	10.8~13.8 m/s
7계급	gale ; 센바람	나무 전체가 흔들리고 걷기가 곤란함. 강풍	13.9~17.1 m/s
8계급	fresh gale ; 큰바람	잔가지가 꺾이고 걸어갈 수 없음. 돌풍	17.2~20.7 m/s
9계급	strong gale ; 큰센바람	건축물이 다소 손해가 있음. 대강풍	20.8~24.4 m/s
10계급	storm ; 노대바람	나무가 쓰러지고 건축물에 큰 피해가 있음. 전강풍	24.5~28.4 m/s
11계급	violent storm ; 왕바람	건축물에 큰 손해가 있음. 폭풍	28.5~32.6 m/s
12계급	hurricane ; 싹쓸바람	보기 드문 큰 피해를 일으킴. 태풍	32.7 m/s 이상

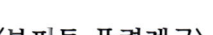

〈보퍼트 풍력계급〉

셋, 구름 이야기

1. 구름은 어떻게 만들어지나요?
2. 먼지가 구름을 만든대요
3. 구름은 변신도 잘해요
4. 하얀 구름, 검은 구름의 비밀
5. 공기주머니 속 수증기들
6. 구름이 땅으로 내려왔어요, 안개
7. 이슬과 서리

1. 구름은 어떻게 만들어지나요?

물을 주전자에 넣고 끓이면 하얀 김이 피어오릅니다. 이것이 바로 수증기입니다. 결국 하늘로 날아가는 수증기도 물의 다른 모습인 것입니다. 딱딱한 얼음도 물인 것과 같은 이치랍니다. 이처럼 물은 고체, 액체, 기체라는 다른 옷을 입으면서 모습이 변한답니다.

상승기류가 생기는 경우
1) 햇빛이 아주 뜨겁게 내리쬐면서 땅이 달구어질 때
2) 찬 공기와 따뜻한 공기가 부딪힐 때
3) 공기가 모여들어 위로 올라갈 때
4) 산이나 높은 언덕에 공기가 부딪힐 때

구름도 물의 다양한 모습 중 하나입니다. 태양이 지구라는 그릇에 담긴 물(바다나 강 같은)을 뜨겁게 데우면 수증기가 만들어지고, 수증기가 대기 중에서 다시 응결하면 구름이 생겨납니다. 그 밖에도 구름이 만들어지려면 상승기류가 일어나거나 공기가 불안정해져야 하고 응결핵이나 빙정핵이 존재해야 한답니다.

2. 먼지가 구름을 만든대요

앞서 말했듯이 구름이 만들어지기 위해서 반드시 필요한 것이 응결핵입니다. 다른 말로는 '구름씨'를 의미합니다. 씨앗이 자라 나무가 되듯이 하늘에 구름씨가 있어야만, 이 구름씨를 중심으로 떠돌아다니는 수증기들이 모여들면서 어엿한 구름의 모습을 만들 수 있는 것이랍니다. 구름씨의 역할을 할 수 있는 것에는 먼지나 재, 얼음조각, 소금가루 등이 있습니다.

'기우제'라고 들어 보셨나요? 이름 그대로 비를 기원하는 제사입니다. 아주 오랜 옛날부터 세계 각지에서 비를 기원하는 행사가 있어 왔습니다. 비가 오기를 기도하는 방법은 매우 다양하지만 그 중에서도 가장 눈에 띄는 것은 온 동네 사람들이 모두 산으로 올라가 재물을 태웠다는 것입니다. 그런데 이런 행동들은 정말로 비를 오게 하는데 도움이 될 수 있답니다. 산에 불을 지르거나 재물을 태우면, 재가 생겨 구름의 씨앗 역할을 할 수 있기 때문이죠. 오늘날 우리가 인공강우를 할 때 요오드화은을 뿌리는 것과 비슷하다고 할 수 있답니다. 그렇다면 기우제는 신에게 올리는 기도일 뿐만 아니라 그 시절 나름의 인공강우가 아니었을까요?

3. 구름은 변신도 잘해요

하늘 위에 떠 있는 구름은 매일 다른 모습입니다. 어떤 때는 하얗고 몽글몽글 양떼 같기도 하다가 깃털 모양으로 바뀔 때도 있고, 검은 먹구름이 되어 하늘을 덮기도 합니다.

구름은 이렇게 여러 가지 모양에 성격도 제각기 다릅니다. 그래서 구름을 연구하는 대기과학자들은 모양이나 성질이 비슷한 구름들끼리 묶어서 이름을 만들어 주기 시작했답니다. 지금은 WMO(세계기상기구)에서 정한 '기본운형 10종'을 가장 많이 사용하고 있습니다.

적란운

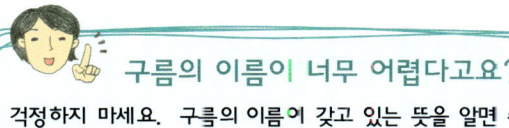

구름의 이름이 너무 어렵다고요?

걱정하지 마세요. 구름의 이름이 갖고 있는 뜻을 알면 쉬워진답니다.

적: 위로 솟음(수증기를 많이 가지고 있는 적운은 '뚱보'랍니다).

층: 옆으로 얇게 펼쳐짐(수증기를 조금만 포함하고 있는 층운은 '홀쭉이'랍니다).

권: 둥글게 말려 올라감.

난: 비를 갖고 있음.

권적운   권층운   권운

고적운   고층운

층적운   층운   적운   난층운

⟨WMO 지정 '기본운형 10종'⟩

4. 하얀 구름, 검은 구름의 비밀

　하늘에 떠 있는 구름을 살펴보세요. 어떤 때는 하얀색이었는데, 어떤 때는 회색으로 변해 있기도 하죠? 구름은 물방울을 얼마나 많이 가지고 있느냐에 따라서 이렇게 색깔이 달라진답니다. 구름 속으로 들어온 햇살을 물방울들이 잡아먹기 때문입니다. 결국 물방울이 많이 들어 있는 구름은 들어온 햇살을 거의 다 잡아먹기 때문에 어둑어둑해지게 됩니다. 비가 곧 쏟아지기 전 몰려오는 구름이 왜 먹구름인지 이제 아시겠죠?
　반대로 하얗게 보이는 구름에는 물방울보다 얼음알갱이가 많이 들어 있습니다. 이 얼음알갱이는 빛을 대부분 통과시키기 때문에, 투명하고 하얗게 보이는 것이랍니다.

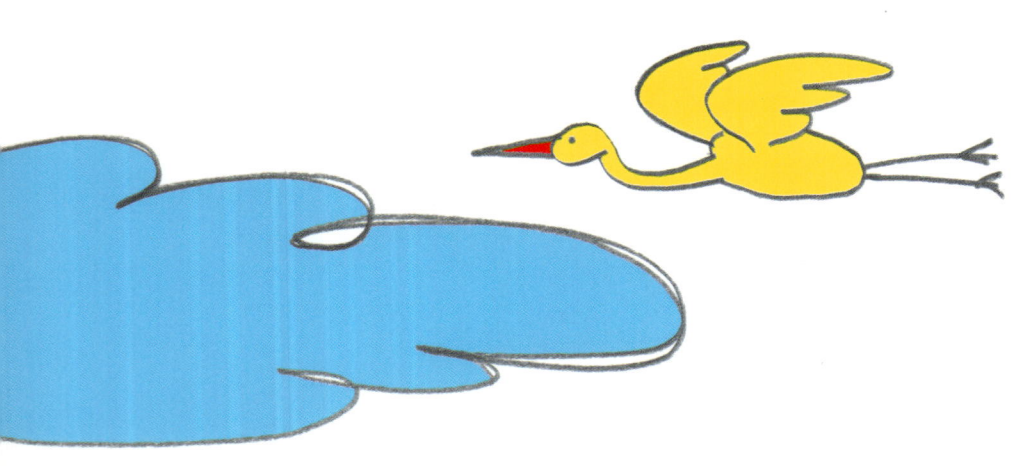

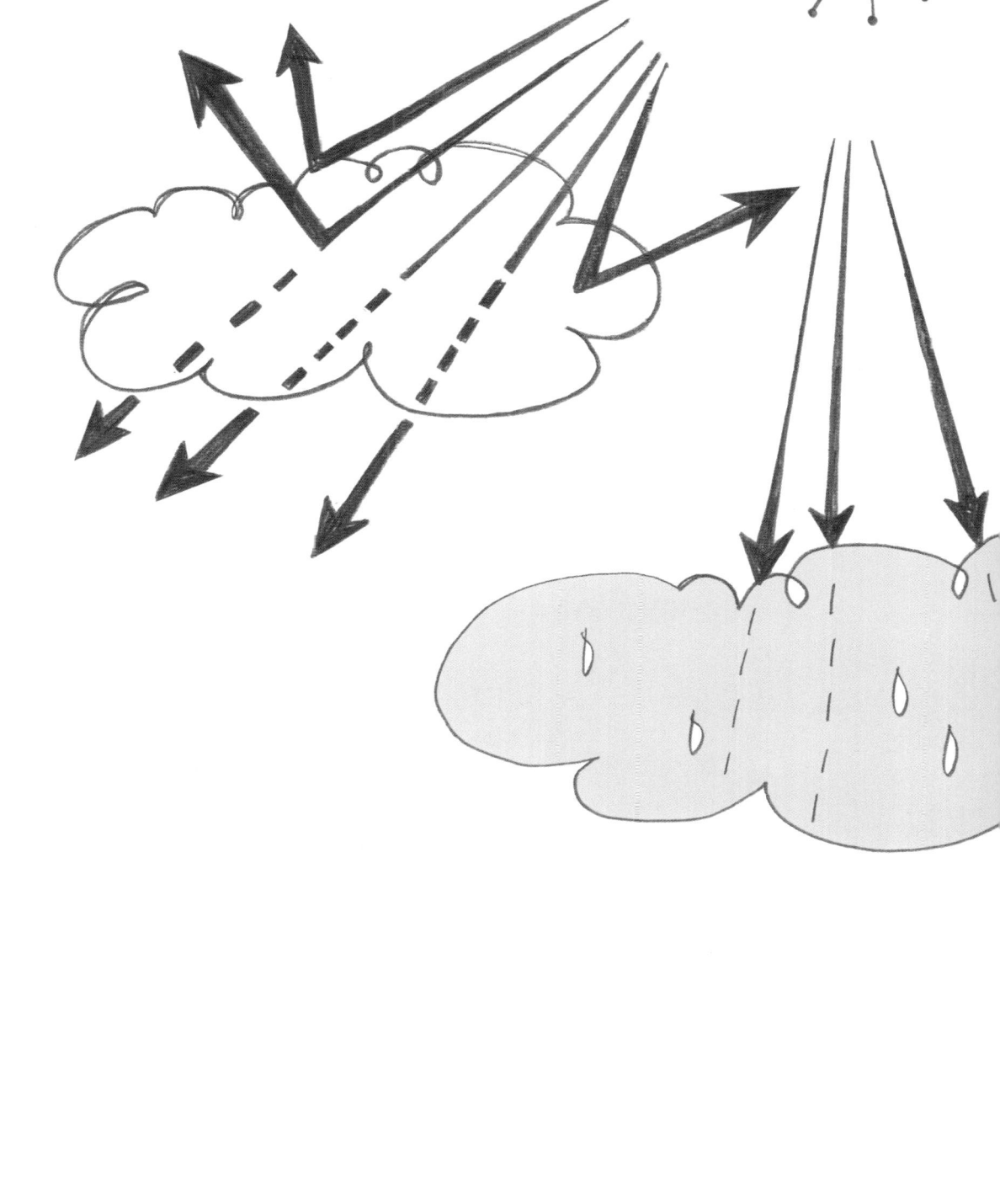

5. 공기주머니 속 수증기들

일정한 크기만큼의 공기를 '공기주머니'라고 한다면, 습도는 이 공기주머니 안에 수증기가 얼마나 들어 있느냐를 나타낸 것입니다. 공기주머니에 수증기가 많아질수록 '습도가 높다', '습하다', '눅눅하다' 등으로 표현하며, 더 이상 수증기가 들어갈 수 없을 만큼 공기주머니가 가득 찼을 때는 '습도가 100%이다' 또는 '포화상태다' 라고 말합니다. 또 수증기가 적을수록 '습도가 낮다', ' 건조하다' 라고 합니다.

그런데 이 공기주머니는 풍선처럼 커졌다 작아졌다 크기가 달라집니다. 풍선은 바람을 불어넣으면 점점 부풀어 오르지만, 공기주머니는 온도에 따라서 커지기도 하고 작아지기도 합니다. 열을 받을수록 크기가 커지고, 온도가 낮아질수록 작아집니다.

또 수증기가 너무 많아져 공기주머니가 가득 차버리면, 마치 욕조에 물이 넘치듯 수증기도 넘쳐나게 되는데, 이렇게 공기주더니에 들어가지 못한 수증기들은 서로 폴폴 뭉쳐 물방울이 된답니다. 가습기 주변을 한 번 살펴보세요. 가습기가 계속 수증기를 만들어내면서 주변의 공기가 포화상태에 이르러 물방울이 생겨났을 겁니다. 가습기 주변 바닥에 맺혀 있는 물방울은 공기주머니가 가득 차서 공기 주머니 밖으로 밀려나 갈 곳을 잃은 수증기들이 모여 있는 것이랍니다.

6. 구름이 땅으로 내려왔어요, 안개

안개 역시 구름의 또 다른 모습입니다. 하늘에 있으면 '구름'이고, 구름이 땅에 내려와 있으면 '안개'가 되는 것입니다. 안개는 몇 가지의 별명을 가지고 있는데 아주 약하게 낀 안개는 연한 안개라는 뜻의 '박무', 먼지나 오염물질과 섞이면 '연무'라는 이름으로 불립니다.

우리나라에선 안개가 봄과 가을, 그리고 새벽이나 아침에 많이 나타납니다. 안개가 끼면 앞이 잘 보이지 않아서 항공기가 뜨고 내리는데 어려움을 주고 자동차를 운전하기도 힘들어집니다. 뿐만 아니라 안개는 도시의 공기 속에 떠다니는 오염물질을 흩어지지 못하도록 잡고 있기 때문에 건강에 해롭습니다.

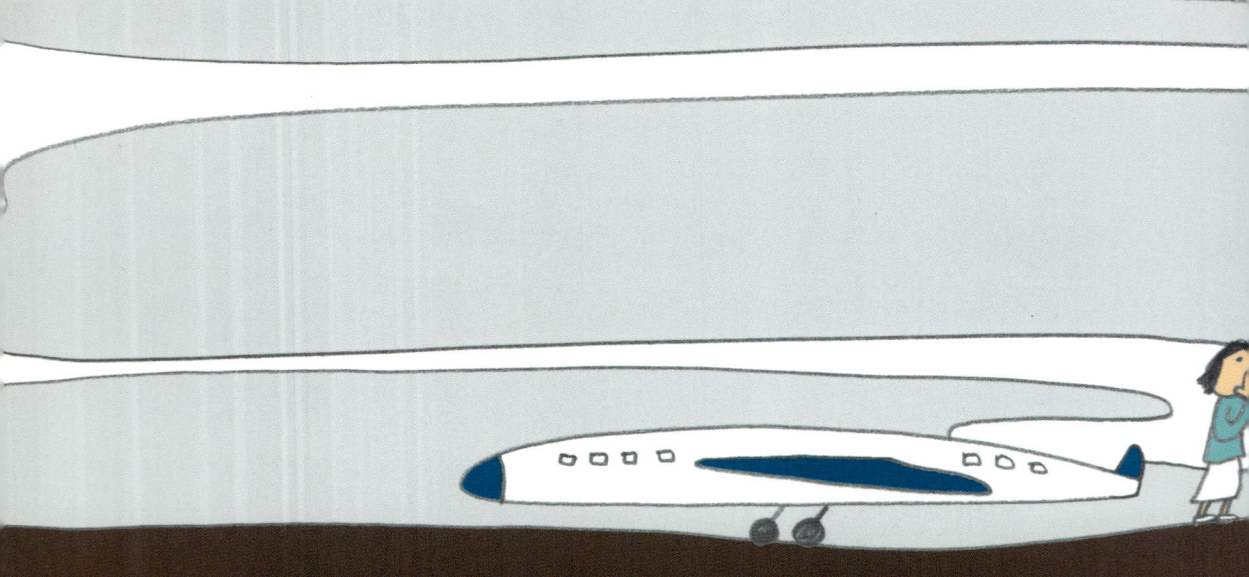

 안개는 언제 생길까요?

첫째, 공기가 차갑게 식어서 공기주머니가 줄어들면 주머니에 들어가지 못한 수증기들이 뭉쳐 **안개**가 된답니다.

둘째, 바다나 강, 호수 같은 곳에서 많은 수증기가 한꺼번에 증발해 바람을 타고 이동해 올 때도 **안개**가 나타납니다.

7. 이슬과 서리

　이른 새벽 풀잎에 맺힌 이슬을 본 적이 있을 거예요. 맑고 투명함에 기분까지 깨끗해지는 느낌입니다. 이런 이슬은 온도변화가 만들어내는 예술작품입니다.

　한낮의 햇빛을 받아 따뜻하게 달궈진 공기는 많은 양의 수증기를 담고 있습니다. 하지만 해가 지고 밤이 되면 땅이 빠른 속도로 식으면서, 차가워진 땅과 닿아 있는 부분의 공기도 함께 차가워지게 됩니다. 그런데 차갑게 식은 공기는 수증기를 많이 담을 수 없기 때문에 담고 있던 수증기를 밖으로 밀어냅니다. 공기주머니 밖으로 밀려난 수증기들은 결국 서로 뭉쳐 물방울이 되는데요. 이것이 바로 이른 아침에 풀잎에 내려앉은 '이슬'이랍니다. 호수나 강 근처처럼 습한 지역이거나, 따뜻한 공기가 차가운 땅이나 물체 등에 닿는 곳에서는 이슬을 쉽게 만날 수 있답니다.

　또, 한겨울 지면의 온도가 처음부터 0℃ 이하로 꽁꽁 언 땅이었다면, 물방울이 아닌 얼음이 만들어지게 됩니다. 이렇게 내려앉은 얼음을 우리는 '서리' 라고 부릅니다.

넷,

비 이야기

1. 물은 자꾸만 변하는 카멜레온 같아요
2. 하늘에서 떨어지는 물, 비
3. 이 세상에 똑같이 생긴 눈은 없어요
4. 일 년 동안 내리는 비를 모으면 얼마나 될까요?
5. 하늘을 움직이는 마법, 인공강우
6. 생태계를 위협하는 하늘의 재앙, 산성비
7. 하늘 위 거대한 건전지, 번개
8. 번개의 단짝친구, 천둥

1. 물은 자꾸만 변하는 카멜레온 같아요

 자고 일어난 뒤 마시는 시원한 물 한 컵, 한여름 가족들과 놀러 갔던 푸른 바다, 하늘 위에 둥둥 떠 있는 구름까지 모양은 제각각이지만 이것들은 모두 '물'입니다. 이 물은 어디에서 어떤 모양을 하고 있는지에 따라서 이름이 달라지는 카멜레온 같은 녀석입니다.

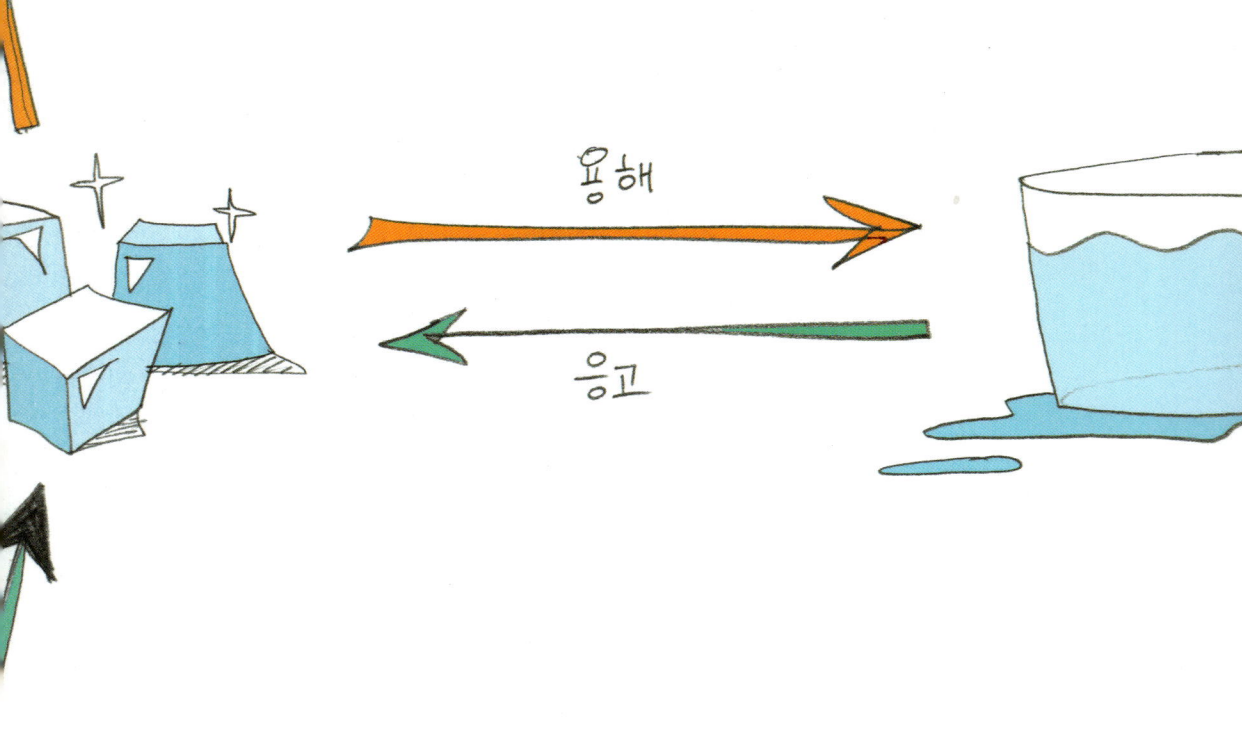

우리 지구상에는 약 1조 3,860억L(1.38억km³)의 물이 있습니다. 이 물은 97.5%가 바다이고, 겨우 3%도 안 되는 나머지가 강물이나 지하수, 빙하, 수증기 등의 모습을 하고 있답니다.

하늘 위 구름과 비 역시 수증기의 한 모습이랍니다. 이 수증기는 전체 물의 0.001%밖에 안 되지만, 그래도 전 세계 강물의 10배 정도라고 하니 어마어마한 양이죠!

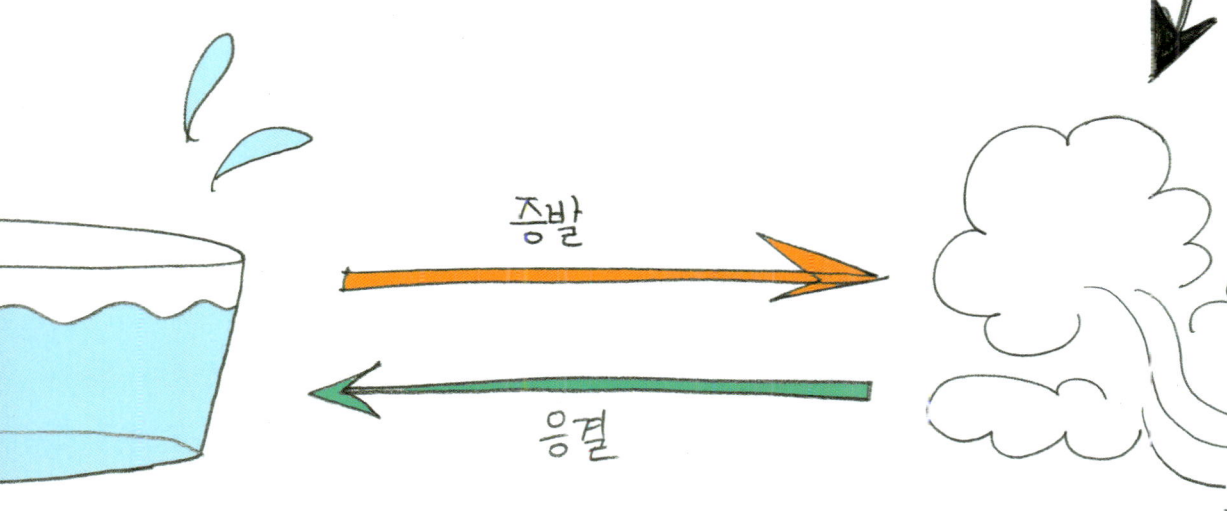

물은 '비'가 되기도 하고, 바다가 되기도 하고, 하얀 구름으로 변신을 하기도 하며 계속 모습을 바꿔간답니다. 이렇게 땅과 하늘 그리고 바다를 여행하며 얼음, 물, 수증기의 모습으로 끊임없이 변신하는 것을 '물의 순환'이라고 합니다. 지금도 물은 하늘과 바다를 끊임없이 돌고 있답니다.

2. 하늘에서 떨어지는 물, 비

여러 모습을 하고 있는 물. 그 중에서도 하늘을 떠돌고 있는 물을 '수증기'라고 합니다. 그리고 이 수증기가 바로 구름이나 비, 눈, 안개 같은 것이 됩니다. 그럼 지금부터 물의 여행을 따라가서 비가 어떻게 우리에게 올 수 있는지 알아볼까요?

먼저, 바다에서 출발합니다! (물의 대부분은 바다라고 했죠?)
'바닷물'은 뜨거운 햇빛을 받으면 기체인 '수증기'로 변신합니다. 수증기가 된 물은 공기보다 가볍기 때문에 하늘 높이 올라갈 수 있습니다.

응결

이렇게 물이 수증기가 되어 하늘 위로 올라가는 것을 '증발'이라고 합니다(물론 육지 안에 있는 호수나 강에서도 약간의 증발이 일어나고, 식물이 숨을 쉴 때도 수증기를 뿜어낸답니다).

그런데 수증기는 하늘 위로 올라가면, 몸집(부피)이 커지면서 몸 속에 갖고 있던 열을 사용하게 됩니다. 그래서 결국 수증기의 온도는 다시 낮아져 액체인 물방울로 돌아가 맺히게 되는데, 이 두 번째 단계가 '응결'입니다. 목욕탕 천장에 물방울이 송골송골 맺혀 있는 것을 본 적이 있죠? 그처럼 하늘 위에서도 수증기가 응결해 물방울이 된답니다.

이 물방울들은 움직이고 부딪히면서 서로 엉겨 붙어 점점 커집니다. 이렇게 물방울들이 어깨동무를 하듯 뭉치게 되면, 어느 순간부턴 눈에도 보일 만큼 몸집이 커져 '구름'이 됩니다.

하지만 구름이 된 뒤에도 물방울들은 계속해서 어깨동무를 이어 갑니다. 그러다 보면 도저히 견딜 수 없을 만큼 무거워져 와르르 떨어지는데, 이것이 바로 '비'랍니다. 하늘에서 떨어지는 빗방울의 크기가 '수박'만 하다고 치면, 이에 비해 구름 속 물방울의 크기는 '참깨 씨'보다 훨씬 더 작답니다. 0.02mm 정도 크기인 구름 속 물방울이 백만 개쯤 모여야 비로소 빗방울 하나가 되는 것이랍니다.

증발

3. 이 세상에 똑같이 생긴 눈은 없어요

눈은 만들어지는 곳의 온도가 영하의 상태일 때 발생하는 비의 또 다른 모습입니다. 그래서 눈이 떨어질 땐 얼음의 형태이지만 여러분의 손에 닿으면 빗방울처럼 물로 변하는 것입니다. 여러분의 몸이 뜨겁기 때문에 눈을 비로 돌려놓은 것입니다.

비와 눈은 한눈에 봐도 참 다른 모습을 하고 있습니다. 눈은 공원에서 볼 수 있는 정자의 팔각 지붕처럼 생겼습니다. 그렇지만 비와는 달리 정해진 규칙이 없어서 매우 다양한 모양을 하고 있습니다. 특히 눈은 만들어지는 순간의 기온과 습도의 영향을 받아 모양이 만들어지기 때문에 무수히 다양한 모습을 갖고 있답니다. 이 세상에 똑같이 생긴 눈은 존재할 수 없답니다.

그렇다면 비의 모양은 어떨까요? 빗방울은 겨울철에 많이 먹는 호빵처럼 생겼습니다. 그 이유는 하나의 물방울이 하늘에서 땅으로 떨어지면서 공기들의 방해를 받기 때문에 동그랗지 못하고 호빵처럼 밑이 평평해지기 때문입니다.

눈과 친구들
* **싸락눈** 아주 많은 얼음알갱이들이 모여서 도무지 원래의 모양을 알아볼 수 없을 만큼 커진 눈.
* **진눈깨비** 눈이 녹아 비와 함께 내리는 것.
* **우박** 소나기 구름이 만들어질 때, 빗방울이 땅으로 떨어지지 못하고 구름 속을 계속 오르락내리락 하면서 큰 얼음덩어리로 바뀌는 것.

4. 일 년 동안 내리는 비를 모으면 얼마나 될까요?

일 년 동안 우리나라에 내리는 비의 양은 도대체 얼마나 될까요?

지역에 따라서 차이가 있지만, 평균적으로 일 년 동안의 총 강우량은 1,300~1,400mm 정도입니다. 말하자면, 일 년 동안 내리는 비를 흘려보내지 않고 모두 받아 놓는다면, 땅에서 약 130~140cm 높이까지 빗물이 차올라 온다는 의미랍니다. 이 정도라면 아마 초등학교 저학년들은 머리 꼭대기까지 잠길 수 있을 만큼의 양이겠지요.

이 중에서 대부분의 비가 여름이나 장마기간에 쏟아집니다. 장마기간은 대략 30~40일 정도이고, 6월에서 9월까지 넉 달 동안 내리는 비의 양은 일 년간 내리는 비의 양의 70%나 됩니다.

먼지잼 겨우 먼지만 날리지 않을 정도로 살짝 내리는 비.
여우비 맑은 하늘에 잠깐 뿌리는 비.
비 꽃 비 한 방울 한 방울, 비가 시작될 때 몇 방울 떨어지는 비.
꿀 비 꼭 필요한 때 내리는 비.

67

바람 없이 조용히 내리는 가랑비랍니다.

장대같이 굵고 세차게 쏟아지는 비. 물을 퍼붓듯이 세차게 내리는 '억수비'도 있답니다.

채찍처럼 세차고 굵게 떨어지는 비에요.

보슬비   장대비   채찍비

5. 하늘을 움직이는 마법, 인공강우

　옛날부터 가뭄이 들거나 큰 폭풍우, 홍수 같은 재앙이 나면 하늘에 제를 올리곤 했습니다. 비단 우리나라뿐만 아니라 세계 곳곳의 역사 속에도 나타나 있는 사실입니다. 이처럼 하늘에서 내리는 비의 양은 온 인류의 걱정이자 희망의 대상이었습니다. 하지만 지금은 과학이 발달하면서 우리가 원하는 때에 비를 내리게 하고, 구름을 마음대로 걷어버릴 수도 있는 마술 같은 일들이 현실로 벌어지고 있습니다.

　이렇게 인간이 만들어낸 비를 '인공강우'라고 합니다. 간단히 원리를 말하면, 구름이 생길 수 있도록 '구름씨앗'을 하늘에 뿌려 주는 것입니다. 밭에 씨를 뿌리면 씨가 점점 자라나 나무가 되듯이, 하늘에 구름씨앗을 뿌려 주면 이 씨앗에 물방울들이 달라붙어 구름이 만들어지고 비가 내리게 되는 것입니다.

중위도나 고위도에서는 구름의 씨앗이 '얼음알갱이'이기 때문에 이것과 비슷한 모양을 갖은 요오드화은 또는 드라이아이스 같은 것을 뿌려 줍니다. 반면에 저위도에서는 물방울을 뿌려 구름을 무겁게 만들어 비를 내리게 하거나 수분을 빨아들이는 힘이 굉장히 센 소금가루를 이용한답니다.

얼마 전 2005년 5월 9일, 러시아에선 60주년 전승기념일 행사가 있었습니다. 세계 53개국 정상들이 참석할 만큼 어느 때보다 성대히 준비한 행사였습니다. 그런데 하필 기념일 하루 전날부터 시작된 굵은 비가 행사 직전까지도 이어졌습니다. 하지만 식이 시작될 무렵, 거짓말처럼 하늘이 갰다고 합니다. 이유는 비행기로 모스크바 하늘에 요오드화은을 뿌려 구름을 걷어냈기 때문입니다.

대체 에너지의 확보나 수자원의 이용 차원에서 볼 때 비를 만들고 없애는 기술은 매우 매력적입니다. 하지만 아직은 인공강우의 성공을 장담하기 어려운 상태이고, 또 다른 한편으로는 자연의 섭리를 거스른다는 점에선 아직도 많은 문제를 가지고 있습니다. 여러분들은 과연 어떤 것이 옳다고 생각하는지 궁금해집니다.

6. 생태계를 위협하는 하늘의 재앙, 산성비

친구들과 자전거를 타고 공원을 달릴 때면 얼굴을 스치는 시원한 바람에 땀을 흘려도 기분이 상쾌해지는 경험을 해봤을 거예요. 하지만 연휴에 부모님과 함께 나들이를 다녀오는 길이면 어김없이 꽉 막힌 도로에서 매연으로 답답한 공기에 짜증이 나고, 날이 더워도 공기가 좋지 않아서 창문을 열 수 없었던 경험도 있을 겁니다.

날씨 이야기를 하다가 갑자기 자동차 얘기가 나오니까 이상한 기분이 드시죠. 그것은 바로 산성비라는 고약한 비를 설명하기 위해서입니다. 산성비는 물 속으로 들어가서 물고기를 죽이기도 하고, 나무에 달라붙어서 식물을 메마르게도 하고, 건물을 녹슬게 만들기도 합니다. 당연히 사람에게도 좋지 않은 영향을 줍니다. '산성비 맞으면 머리카락 빠진다'는 얘기 들어봤죠?

산성비라는 말은 환경오염이 심각해지기 전에는 쓰지 않았던 말입니다. 산성비는 자연(땅과 생물)이 만들어내는 '질소산화물'과 공장이 만들어지고 자동차가 다니기 시작하면서 생겨난 '아황산가스'라는 녀석이 비에 달라붙어 내리는 현상입니다. 특히 이 둘 중에서 사람이 만들어내는 아황산가스의 영향이 매우 크답니다. 결과적으로 사람들을 편하게 하기 위해서 만들어진 자동차나 공장 때문에 우리가 느끼지 못하는 사이 자연은 고통받게 되었습니다. 그 결과 산성비라는 하늘의 재앙이 생태계를 아주 위협적으로 공격하는 모양이 된 것이랍니다.

산성도(pH) 산성 ← 7(중성) → 알칼리성

산성비는 비의 산성도가 5.6pH보다 낮을 때를 말합니다. 자연적인 비는 생물이 숨을 쉬며 만들어 낸 이산화탄소가 녹아 약한 산성인 **5.6pH**입니다. 그런데 5.6pH보다 산성이 된 것은 자연적인 것이 아니라 공장의 매연이나 자동차의 배기가스 등에서 나오는 오염물질(황산화물과 질소산화물)의 영향을 받았다는 것을 의미합니다.

우리나라에선 서울 등 수도권에 가장 강한 산성비가 내립니다. 오염이 심해지면서 비의 산성도도 점점 강해지고 있고, 난방 연료의 사용이 많은 겨울철에 비의 산성도가 가장 높습니다. 봄에는 황사(알칼리성 토양)가 나타나면서 산성도가 사계절 중 가장 낮습니다.

7. 하늘 위 거대한 건전지, 번개

천둥·번개 치는 무서운 밤, 부모님 곁으로 조르르 달려가 본 경험이 있을 거예요. 이렇게 무서운 천둥·번개는 어떻게 생겨나는 것일까요? 하느님이 화가 나셔서 눈을 번쩍번쩍, 호통이라도 치시는 건가요? 아님 방귀라도 새어나온 건가요?

번개는 키가 매우 크고 뚱뚱한 구름(적란운)에서 만들어집니다. 이 뚱보 적란운은 다른 구름들에 비해 더욱 많은 물방울과 얼음알갱이를 가지고 있답니다. 자세히 살펴보면 물방울과 얼음알갱이들은 안과 밖의 온도차이로 인해 양전하와 음전하로 나뉘어져 있습니다. 마치 사람이 여자와 남자로 나눠져 있는 것처럼 이 세상 모든 물질은 음전기와 양전기로 구성되어 있답니다. 그리고 양전기는 차가운 것, 음전기는 따뜻한 것을 좋아합니다.

이렇게 각각의 성질대로 나누어진 물방울과 얼음알갱이들은 구름 속을 마구 휘젓고 다니다 결국 음전기는 음전기끼리, 양전기는 양전기끼리 편을 갈라섭니다. 이때 가벼운 양전기(빙정)는 구름의 윗부분으로, 무거운 음전기(싸락눈)는 구름의 아랫부분으로 모여들게 됩니다. 이렇게 음과 양으로 나눠진 구름은 마치 건전지처럼 전기를 일으킵니다. 또 종종 구름 아랫부분에 모여 있는 음전기가 양전기가 흐르는 땅을 만나면 둘 사이에 방전이 일어나는데, 이것이 바로 '낙뢰' 입니다.

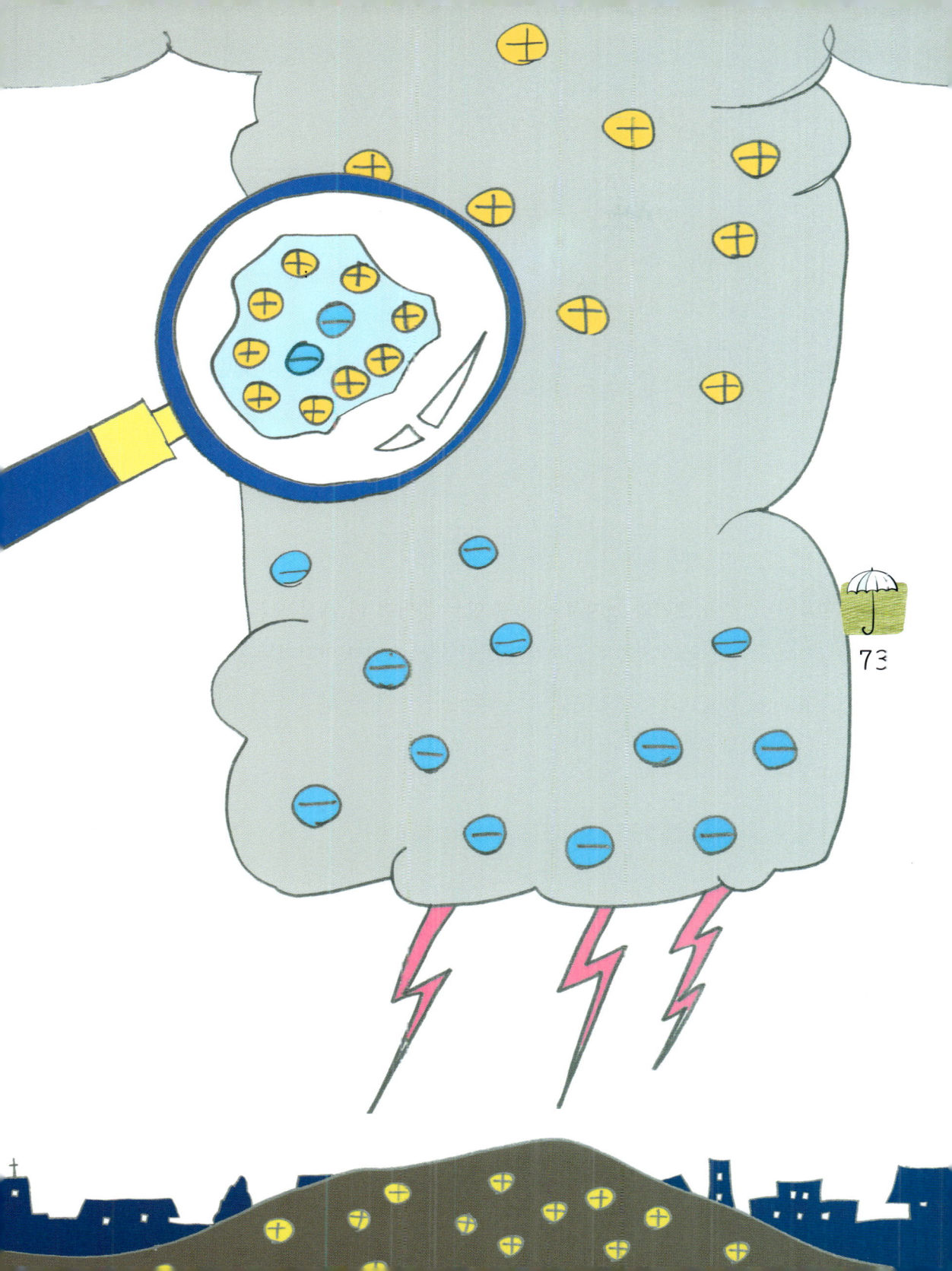

8. 번개의 단짝친구, 천둥

번개 빛의 힘은 얼마나 될까요?
번쩍하는 순간, 번개가 지나간 곳의 주변 공기 온도는 무려 무려 2~3만℃까지 올라갑니다. 해님의 표면온도가 6000℃이니까, 태양보다도 4~5배가 더 뜨거운 어마어마한 힘이랍니다.

한편 천둥은 번개 옆을 항상 따라다니는, 번개의 단짝친구입니다. 번개가 번쩍하고 하늘을 비추면 이내 '우르르 쾅' 천둥이 호통을 칩니다. 천둥이 번개를 따라다니는 이유는 다음과 같습니다.

번개가 번쩍하는 순간 2~3만℃까지 주변의 공기 온도가 올라가면, 공기는 순간적으로 팽창(부피가 커지는 것)을 합니다. 팽창한 공기는 다시 주변 공기와 부딪히면서 압축(부피가 줄어드는 것)을 하게 되고, 이런 식으로 팽창과 압축을 반복합니다. 바로 이런 공기의 움직임으로 생겨난 소리가 '천둥'이랍니다. 번개가 공기를 뜨겁게 달궈 주어야 천둥이 생겨나는 것이죠!

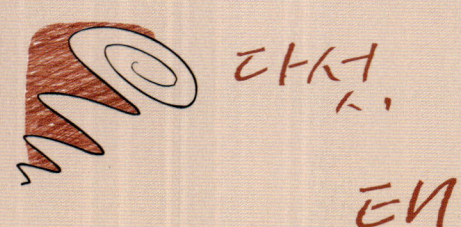

다섯.
태풍 이야기

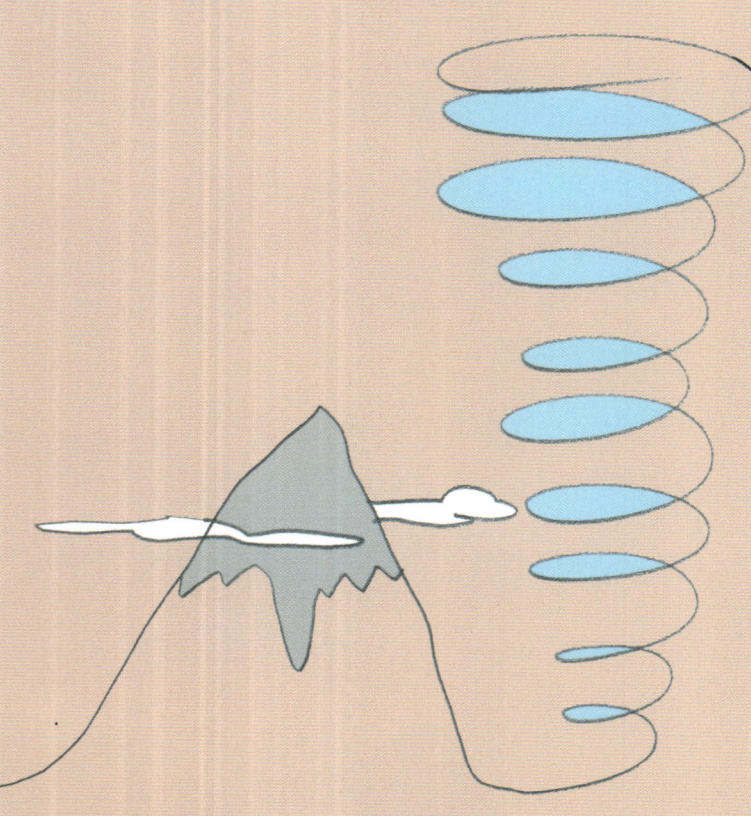

1. 지구의 에어컨, 태풍
2. '바람 버스'를 타고 태풍이 와요
3. 태풍, 허리케인, 사이클론
4. 수소폭탄 400개가 한번에 터지는 힘, 태풍
5. 무엇이 태풍을 잠재울 수 있을까요?
6. 슈퍼맨은 울트라 태풍쟁이

1. 지구의 에어컨, 태풍

  태풍은 이 세상에 있는 모든 발전소가 만들어 내는 힘을 합한 것만큼이나 큰 힘을 가지고 있습니다. 그래서 태풍이 몰고 온 강한 바람과 많은 비 때문에 우리는 피해를 보고 힘들어하기도 합니다. 다른 한편으로는 지구의 균형을 맞춰 주는 꼭 필요한 동전의 양면 같은 녀석입니다.

태풍만들기!

  자, 이제 상상의 나래를 펼쳐 직접 태풍을 만들어 볼까요? 그러면 이 녀석이 어떤 좋은 일을 하는지, 또 얼마나 파괴적인 녀석인지 알 수 있을 테니까요.

　인공위성에서 찍은 태풍 사진을 보면, 아주 큰 구름덩어리가 빙글빙글 돌며 움직이고 있는 모습입니다. 그렇다면 우리도 태풍을 만들기 위해서 ⑴ 거대한 구름덩어리를 빚은 다음, ⑵ 이 구름덩어리를 힘차게 빙그르 돌려 보자고요.

(1) 먼저, 거대한 구름덩어리 빚기!

구름은 수증기가 모여 있는 것입니다. 아주 큰 구름을 만들기 위해선 그만큼 많은 수증기가 필요하고, 수증기는 물을 뜨겁게 데우면 생겨나는 것입니다.

지구에서 물을 많이 얻을 수 있는 곳은 어디일까요? 물론 '바다' 입니다.

바닷물의 온도가 26~27℃ 이상만 되면 증발이 잘 일어나 많은 수증기를 공급받을 수 있습니다. 이 두 조건이 딱 맞아떨어지는 곳이 바로 '열대 바다' 입니다.

우리가 태어날 때 조그만 아기였던 것처럼 태풍도 처음에는 작고 힘이 약한 구름무리일 뿐입니다. 열대바다에서 태어난 이 구름무리는 바람을 타고 바다를 여행하면서 점점 성장해갑니다. 아기태풍은 바다로부터 많은 수증기를 얻어가며 무럭무럭 자라 힘이 센 진정한 '태풍'이 되는 것이죠.

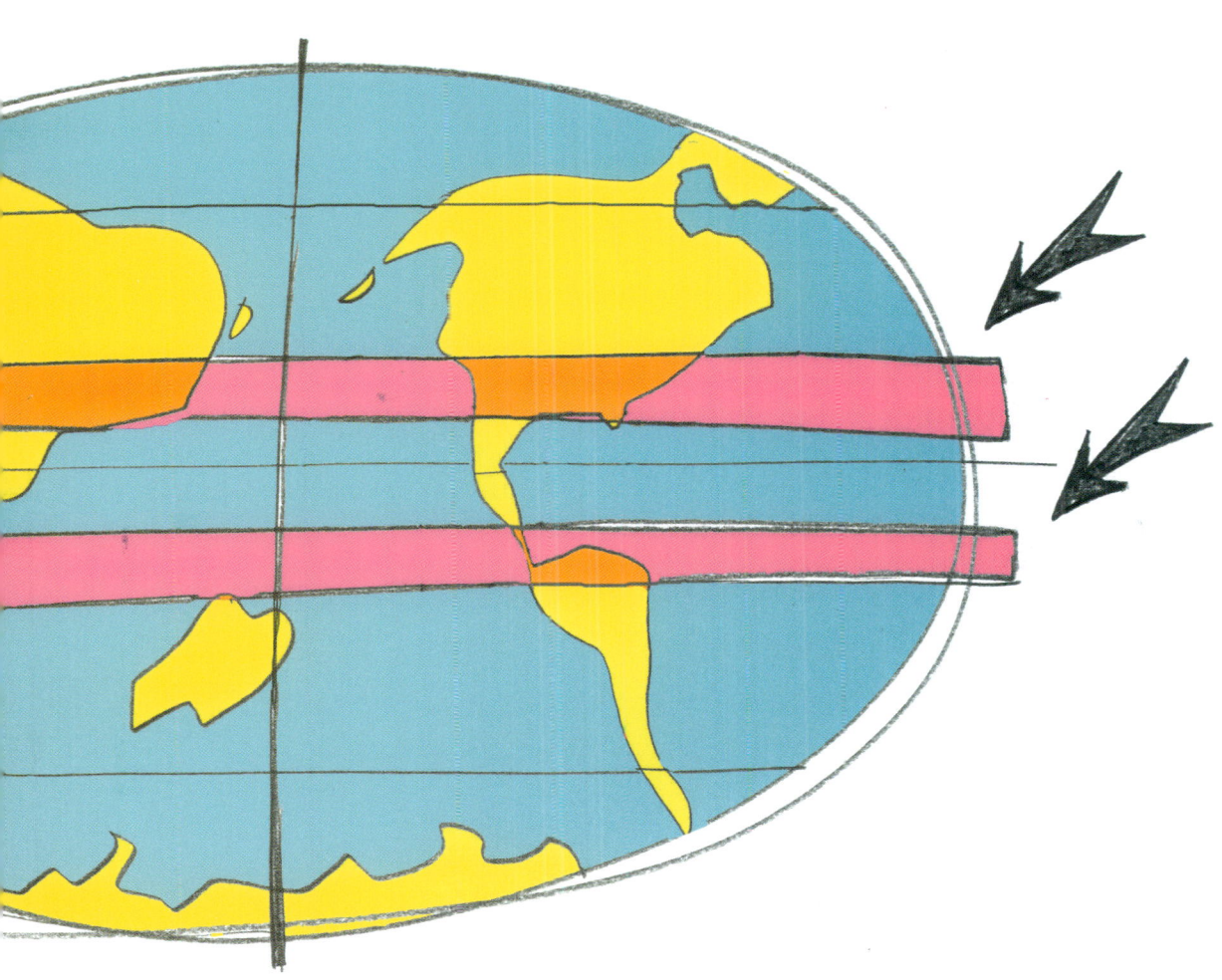

(2) 뱅글뱅글 구름무리를 돌려 보아요!

앞에서 만들어 놓은 거대한 구름덩어리를 돌리려면, 그 힘도 만만치 않게 필요할 텐데 어디 적당한 것이 있는지 지구를 둘러볼까요?

지구는 자전축을 중심으로 매일 한 바퀴씩 회전(자전)을 하고 있습니다. 이 때문에 '코리올리 힘(전향력)'이 생겨나는데 이 정도 힘이면 태풍을 뱅뱅 돌리기에 안성맞춤입니다.

단, 한 가지 고려할 점이 있습니다. 이 코리올리효과는 적도에선 전혀 힘을 발휘하지 못합니다. 지구 꼭대기인 극으로 갈수록 힘이 세어지기 때문에 적도 위에선 태풍을 만들 수가 없다는 것입니다. 적어도 적도에서 북쪽으로 5° 이상 올라가거나, 남쪽으로 5° 이하 내려온 곳으로부터만 태풍을 돌릴 만큼의 코리올리 힘을 얻을 수 있답니다.

따라서, 태풍은 '북위 혹은 남위 5~20° 사이의 열대 바다'에서 태어납니다!

태풍은 열대 바다에서 태어나 많은 수증기와 열을 안고 중위도까지 이동해 갑니다. 그래서 마치 에어컨이 더운 공기를 빨아들여 실내를 시원하게 해주듯이, 태풍은 적도 부근에 쌓여 있는 열을 빨아들여 중위도로 옮겨 주고 적도가 계속 뜨거워지는 것을 막아 줍니다. 태풍은 큰 피해를 낳기도 하지만 적도를 식혀 주며 지구의 열 균형을 맞춰 주는 고마운 존재이기도 하답니다.

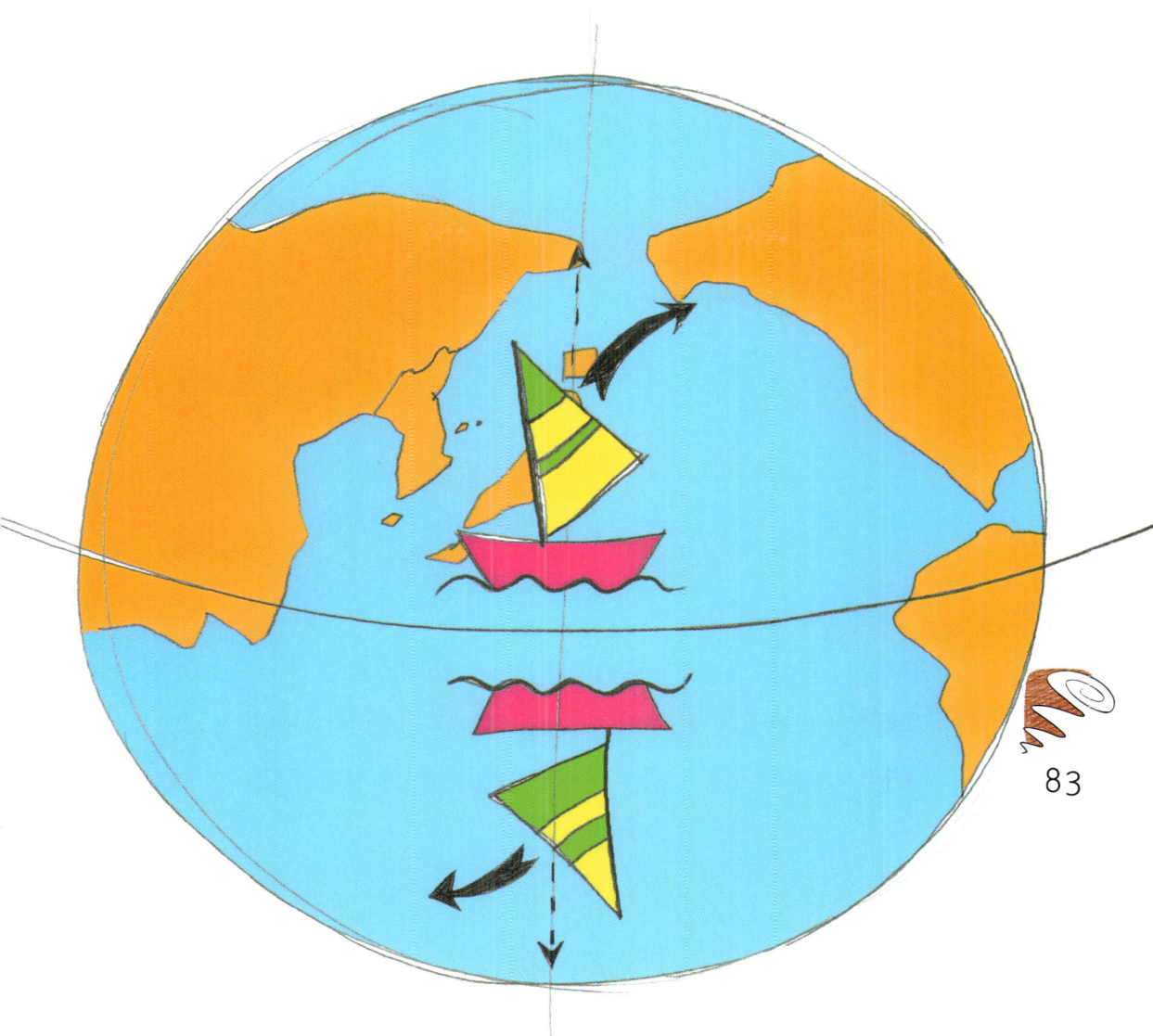

83

코리올리 힘은 움직이는 물체에 작용하는 힘입니다. 이 힘은 물체가 움직일 때, 동시에 지구가 자전하고 있기 때문에 생겨납니다. 코리올리 작용으로 인해 **북반구**에서는 진행하는 방향의 **오른쪽**으로 휘어지고, **남반구**에서는 진행하는 방향의 **왼쪽**으로 휘어집니다.

2. '바람 버스'를 타고 태풍이 와요

　태풍은 열대 바다에서 태어난다고 했는데 어떻게 멀리 떨어져 있는 우리나라까지 올라와서 피해를 주는 걸까요?
　태풍을 우리나라까지 옮겨다 주는 역할은 다름 아닌 '바람'이 맡아서 하고 있습니다. 태풍이 타는 '바람 버스'를 우리도 따라가 볼까요?

　먼저, 열대 바다에서 태어난 구름무리는 '열대 편동풍'이란 바람 버스를 타고 서쪽이나 북서쪽으로 움직여 갑니다. 이땐 시속 약 20km 정도로 여행을 시작합니다.
　그렇게 조금씩 북쪽으로 올라오다 보면, 이번에는 차를 한 번 갈아타야 한답니다. 이때 옮겨 타는 버스가 바로 '편서풍'이란 버스입니다. 이 편서풍은 이름 그대로 편동풍과 반대인 서쪽에서 동쪽으로 불어가는 바람입니다.

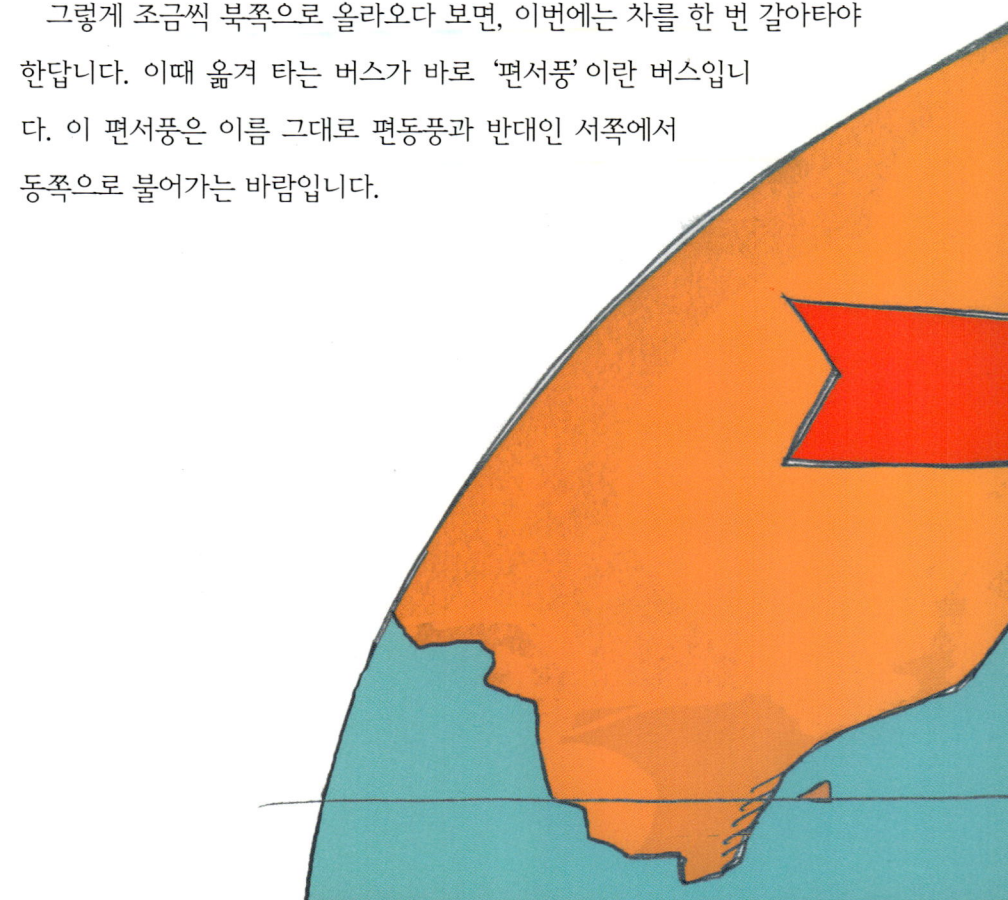

따라서 태풍은 이제까지 여행하던 방향을 확 바꿔 '북동' 쪽으로 움직이게 됩니다. 이처럼 여행하던 방향이 바뀌는 것을 '전향'이라고 합니다. 그런데 '편동풍 버스'보다 '편서풍 버스'의 성능이 더 좋기 때문에, 차를 갈아타 방향이 바뀐 뒤에는 속도가 시속 40km 정도로 빨라진답니다.

　이렇게 태풍은 바람을 타고 열대 바다에서 우리나라로 중국으로 일본으로 올라올 수 있답니다.

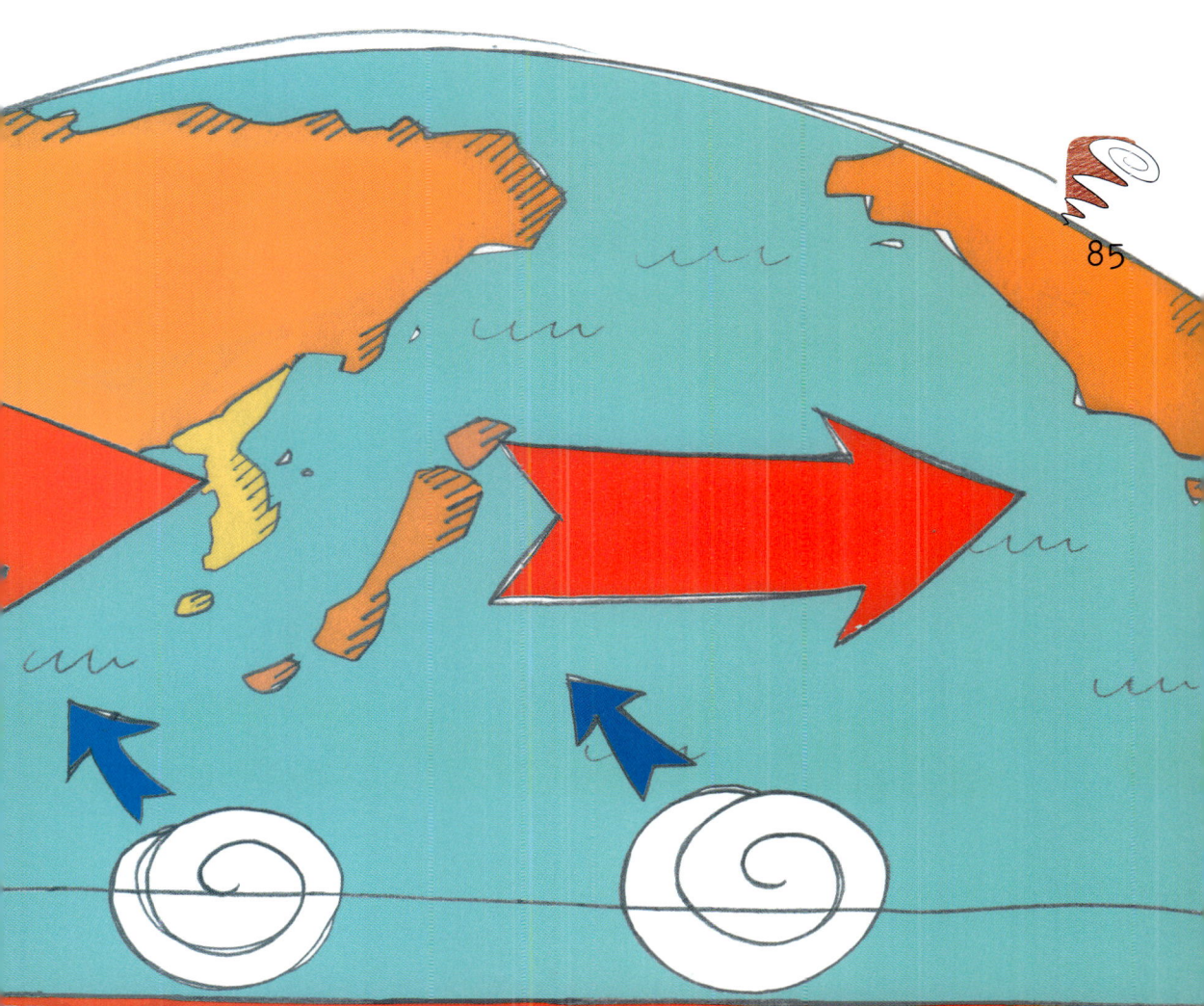

3. 태풍, 허리케인, 사이클론

'김철수'의 이름은 '철수'입니다. 성은 '김'이고요. 이처럼 '태풍' 역시 '열대 저기압'이란 성을 가지고 있습니다. 그러니까 '열대 저기압 태풍'이 바른 이름인 셈이죠.

그런데 '열대 저기압' 성을 가진 녀석들은 어느 동네에서 태어났느냐에 따라 이름이 다르게 정해집니다. 우리나라가 있는 북태평양에서 태어난 열대 저기압은 '태풍', 미국이 있는 대서양 부근에서 태어난 녀석은 '허리케인', 인도양에서 온 녀석은 '사이클론'이란 이름을 가지고 있습니다.

태풍, 허리케인, 사이클론 모두 같은 열대 저기압 가문이지만 우리나라와 관계가 있는 것은 당연히 북태평양에서 태어난 '태풍'입니다.

이 태풍은 태어날 때마다 만들어진 순서 등에 따라 애칭을 하나씩 얻게 됩니다.

태풍의 영향을 받는 아시아의 국가가 모여 '태풍위원회'를 만들었습니다. 태풍위원국은 한국, 북한, 일본, 중국뿐만 아니라 캄보디아나 베트남, 태국, 미국 등 **14개 국가**입니다. 지금 우리가 사용하고 있는 **태풍의 이름**은 이 태풍위원국별로 10개씩 제출한 총 **140개의 이름**들을 순서대로 붙이는 것이랍니다.

2003년 우리나라를 휩쓸고 간 태풍 '매미'는 북한에서 제출한 이름이었고, 우리나라가 내어놓은 이름에는, '개미', '장미', '수달', '제비', '너구리', '나비', '메기' 등이 있답니다.

4. 수소폭탄 400개가 한번에 터지는 힘, 태풍

태풍이 집도 날려버리고, 산도 무너뜨리고, 바다도 마구 휘저을 만큼 힘이 세다는 건 우리 모두 잘 알고 있습니다. 작은 태풍도 20메가톤 정도의 힘을 갖고 있는데 이 힘은 무시무시한 수소폭탄 400개가 한번에 터지는 정도의 위력이라고 하니 생각만 해도 입이 벌어집니다.

태풍의 키는 무려 10km 이상으로, 세계에서 가장 높은 산인 에베레스트보다도 높답니다. 또 덩치(너비) 역시 만만치 않아서 작은 것은 반경이 200km에서, 큰 것은 1,500km나 된답니다. 우리나라보다 2배에서 22배 정도나 더 큰 것이 있기도 한 셈이죠.

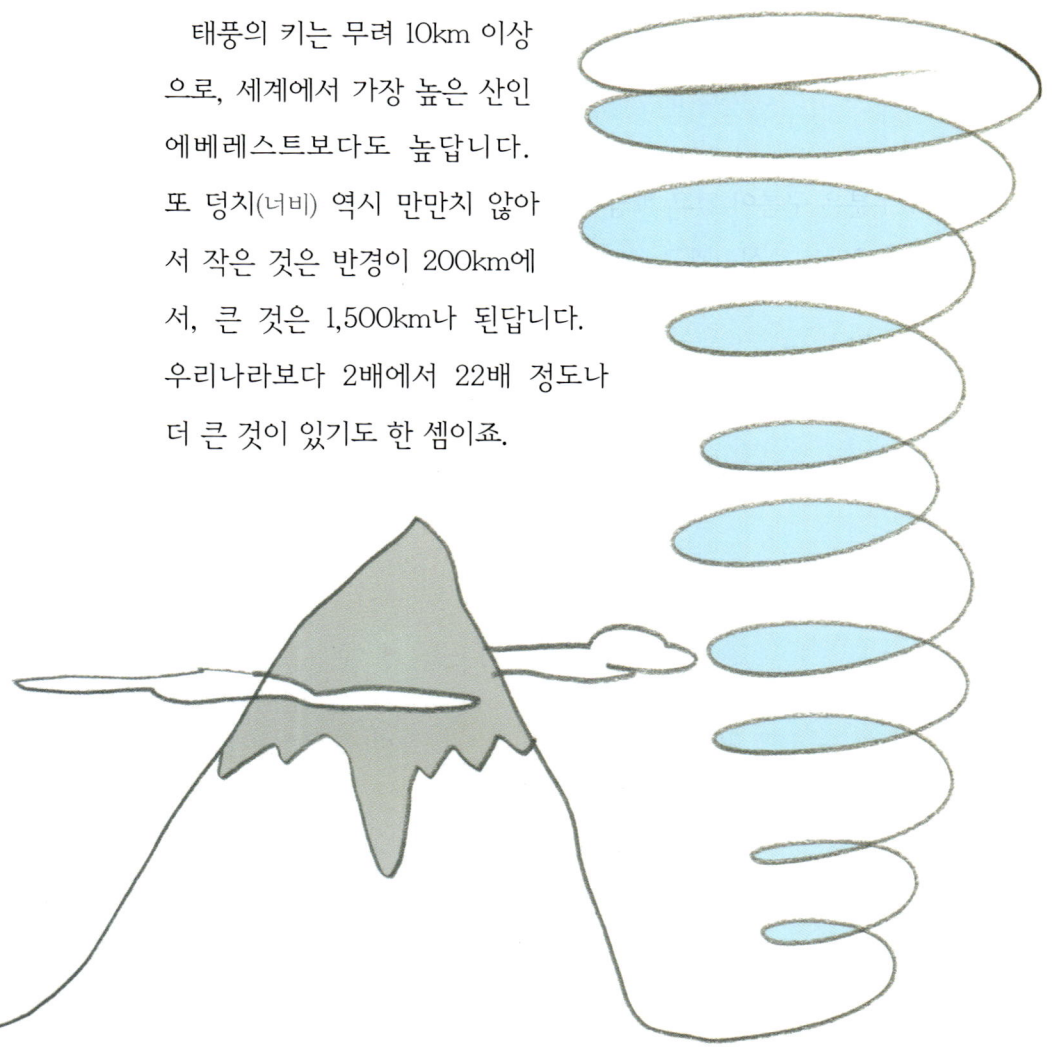

그리고 이 태풍은 수증기를 먹고 자랐기 때문에 뱃속에 많은 양의 비를 가지고 있습니다. 태풍이 한번 지나갈 때마다 쏟아내는 비의 양은 보통 100~500mm 정도입니다. 도대체 얼마나 많은 양인지 잘 가늠이 안 된다고요? 우리나라에서 일 년 동안, 즉 365일 동안 내리는 비의 양을 모두 합하면 1,300~1,400mm니까 태풍이 지나가는 단 하루 이틀 새 100~500mm의 비가 쏟아진다면 얼마나 엄청난 양인즐 아시겠죠?

태풍을 보면 가운데 까만 점이 보이죠. 이곳을 '태풍의 눈'이라고 부릅니다. 이 부분은 구름이 없고 바람도 아주 약합니다. 큰 바람개비의 막대기 같은 곳이어서 중심이라고 할 수 있습니다. 생각해 보세요. 큰 막대기에 큰 바람개비를 꽂을 수 있는 것처럼, 태풍도 이 눈이 크면 클수록 강력하고 큰 태풍이라고 할 수 있습니다.

5. 무엇이 태풍을 잠재울 수 있을까요?

　사람이 태어나 갓난아이에서 점차 자라 성인이 되고 늙으면 죽는 것처럼, 태풍도 작은 구름덩어리로 태어나서 점차 성장하고 어느 순간이 되면 자연적으로 소멸하게 됩니다. 이렇게 태풍을 약하게 만들어 소멸시키는 것은 바로 '땅' 입니다.

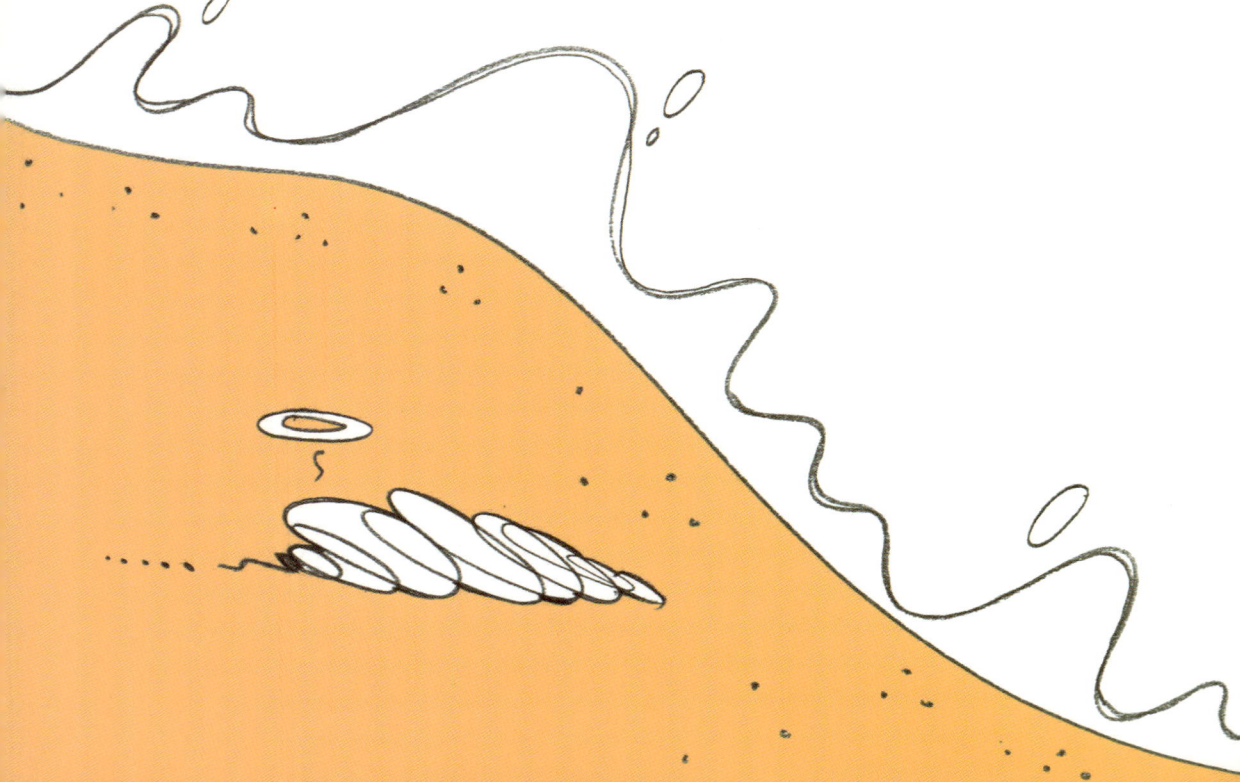

　그렇다면 태풍은 왜 육지에 올라오면 점점 힘이 약해질까요?
　우리는 밥을 먹으면 배가 두둑해지고 힘이 솟다가, 응가를 하면 금세 배가 홀쭉해집니다. 태풍도 마찬가지로 '수증기(물)'라는 밥을 먹고난 다음 '비'라는 똥을 힘차게 쌉니다. 수증기를 많이 빨아들일수록 태풍이 쏟아내는 비의 양도 많아진답니다. 그런데 태풍이 바다에 있을 때는 계속해서 많은 수증기를 먹을 수 있지만, 육지에 들어오면 먹을 물이 없어지기 때문에 점점 힘이 빠지고 결국 굶어 죽게 되는 것이랍니다.
　또 중위도 지역으로 올라올수록 바닷물의 온도가 낮아지기 때문에 태풍은 충분한 열이나 수증기를 공급받지 못한답니다. 그래서 태풍은 육지가 많고 바닷물 온도가 낮은 중위도로 올라오면 힘이 빠지는 것입니다.

6. 슈퍼맨은 울트라 태풍쟁이

2002년 8월에 '루사'라는 태풍이 지나갔습니다. 혹시 기억하나요? '루사'가 지나간 곳은 집과 도로가 내려앉고 산도 무너져 내려 쑥대밭이 됐습니다. 태풍에서 불어나오는 강력한 바람이 주변을 싹 쓸고 갔기 때문입니다.

이 태풍 '루사'가 제주도 한라산을 지나갈 때 불었던 바람의 세기는 무려 초속 56.7m였습니다. 시속으로 따지면 시간당 200km의 속도로, 놀이동산의 롤러코스터보다 2배나 빠르게 부는 바람이랍니다.

그런데 영화에서 슈퍼맨이 옷을 갈아입는 속도는 이것보다 무려 140배쯤은 더 빠르다고 합니다. 슈퍼맨이 한번 옷을 갈아입을 때마다 루사보다 140배나 강한 초강력 울트라 태풍이 만들어지는 셈이죠.

영화에서 슈퍼맨은 공중전화 부스에서 옷을 갈아입는 걸 좋아하지만, 실제로 그렇게 옷을 갈아입는다면 공중전화 부스는 남아나질 않겠죠? 태풍보다 140배는 강력한 슈퍼맨의 옷 갈아입기 실력! 이젠 슈퍼맨 곁에 함부로 다가가면 안 되겠는걸요.

여섯, 하늘빛 이야기

1. 하늘은 왜 파랄까요?
2. 노을은 왜 빨갈까요?
3. 무지개는 빛의 선물꾸러미
4. 흙먼지가 온통 하늘을 뒤덮어요
5. 백만 톤의 중금속 먼지가 쏟아져요

1. 하늘은 왜 파랄까요?

학교 가는 길, 집을 나서면 제일 먼저 여러분을 반기는 것은 바로 파란 하늘입니다. 그렇다면 매일 아침 눈부시게 반짝이는 저 하늘은 왜 하고 많은 색깔 중에서 파란색일까요? 당연한 것처럼 느껴지지만 이 속에도 엄청난 과학이 숨어 있답니다.

지구대기(지구를 감싸고 있는 공기의 띠)에는 산소나 질소가 많이 들어 있습니다. 이 산소나 질소는 어렵게 말해서 '선택 산란체'라고 불리는데, 이것은 숏다리 파장(파장이 짧은 것)을 잘 흩어지게(산란) 하는 성질을 갖고 있습니다.

햇빛이 지구대기를 통과할 때 숏다리인 파란색, 남색, 보라색을 더 많이 산란하기 때문에 하늘이 푸르게 보이는 것이랍니다. 우주가 깜깜한 것은 햇빛을 산란시켜 줄 공기가 없기 때문입니다. 지구의 하늘이 푸르게 보이는 것은 다른 행성과 구별되어지는 지구의 가장 큰 특징 중의 하나라고 할 수 있습니다.

빨간색은 롱다리, 보라색은 숏다리!

모든 빛에는 파장이 있답니다. 파장? 처음 들어보는 단어지만 어려울 건 없어요. '빛의 다리길이'를 말하는 것일 뿐이니까요!

예를 들어 볼까요? 아빠 다리는 길어서 한 걸음에 네다섯 계단을 올라갈 수 있답니다. 하지만, 여러분 다리는 아직 짧아서 두세 걸음은 올라가야 아빠가 한 걸음에 간 거리를 쫓아갈 수 있을 겁니다.

이처럼 빛도 제 각각의 보폭을 갖고 있습니다. 빨간색은 다리가 길어서 '파장이 길다'라고 합니다. 그리고 빨강에서 파랑으로 갈수록 다리는 점점 짧아집니다. 보라색은 가시광선 중에서 파장이 가장 짧은 숏다리입니다.

2. 노을은 왜 빨갈까요?

　저녁 무렵, 붉게 물든 노을은 또 하나의 아름다움을 우리에게 선사합니다. 그런데 어떻게 파랗던 하늘이 빨갛게 변하는 것일까요?
　저녁이 되고 해가 진다는 것은 한낮에 우리 머리 위에 있던 해가 발 쪽으로 점점 내려온다는 것을 의미합니다. 이렇게 해가 아래쪽으로 기울면 빛이 통과해야 하는 공기층이 두꺼워집니다.

그런데 파장이 짧은 숏다리들은, 두꺼워진 공기층을 통과하기에 힘이 부쳐서 모두 흩어져 사라져버리지 됩니다. 반면 파장이 긴 롱다리는 두꺼운 공기층을 통과해 살아남을 확률이 크기 때문에, 공기층이 두꺼워지는 해질녘 붉은빛이 또렷하게 드러나 보이는 것이랍니다. 아침 해가 뜰 때 하늘이 붉게 타는 것 역시 노을과 같은 원리랍니다.

 **햇빛＝자외선＋가시광선＋적외선**

햇빛은 자외선과 가시광선, 적외선이란 세 가지 광선이 합쳐진 상태입니다. 그리고 이 가시광선은 산란(흩어지는 것)을 하거나 굴절(꺾여 나가는 것)을 해야만 우리 눈으로 들어와 색깔을 띠게 됩니다.

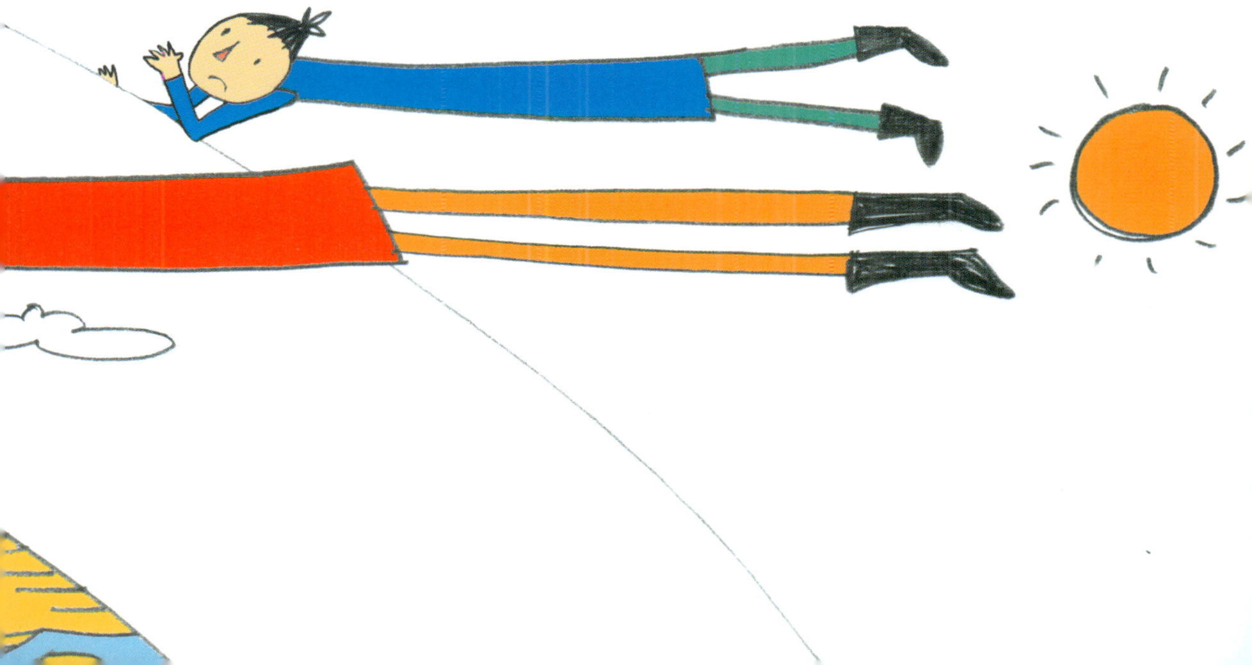

3. 무지개는 빛의 선물꾸러미

　무지개 역시 가시광선이 보여 주는 마술 중 하나입니다. 그럼 반짝반짝 해님이 가지고 온 마술 보따리를 풀어 볼까요!

　가시광선은 요술 보따리 같아서 그 안에 빨강, 주황, 노랑, 초록, 파랑, 남색, 보랏빛을 담고 있지만 보자기를 풀기 전에는 투명합니다. 다시 말해서 햇빛이 가지고 온 '가시광선 보자기'를 누군가 풀어 주어야만 아름다운 무지개 빛을 볼 수 있다는 뜻인데, 이 보자기를 풀 수 있는 것이 바로 공기 중의 '물방울'입니다.

　소나기가 지나간 다음에는 공기 중에 물방울들이 많아집니다. 햇빛이 공기 중의 물방울을 만나면 물방울 중 일부는 빛을 반사합니다. 이때 각각의 색깔마다 튕겨져 나가는 각도(굴절 정도)가 다르기 때문에, 빛이 펼쳐지면서 스펙트럼을 만들어낸답니다.

　햇빛주머니가 부딪히게 될 물방울의 크기에 따라서 무지개는 선명해지기도 하고 희미해지기도 합니다. 소나기처럼 강한 비가 내려 공기 중에 떠 있는 물방울이 클 때는 무지개가 선명합니다.

빛은 어딘가에 부딪히면 '반사'와 '굴절'이란 걸 합니다.
'반사'는 빛이 튕겨져 나가는 것을 말합니다(반사놀이를 생각해 보세요).
'굴절'은 빛이 물체로 들어온 방향에서 구부러져서 나가는 걸 뜻합니다(빛의 속도 변화 때문에 생긴답니다).

무지개를 보기 위해서는 태양이 여러분의 뒤편에 낮게 떠 있어야 하고, 빗방울(비가 내렸던 곳)은 여러분 앞쪽의 먼 곳에 떨어져 있어야 한답니다. 햇빛은 우리 뒤에서 빗방울로 들어가 우리 눈을 향해 되돌아오게 됩니다.

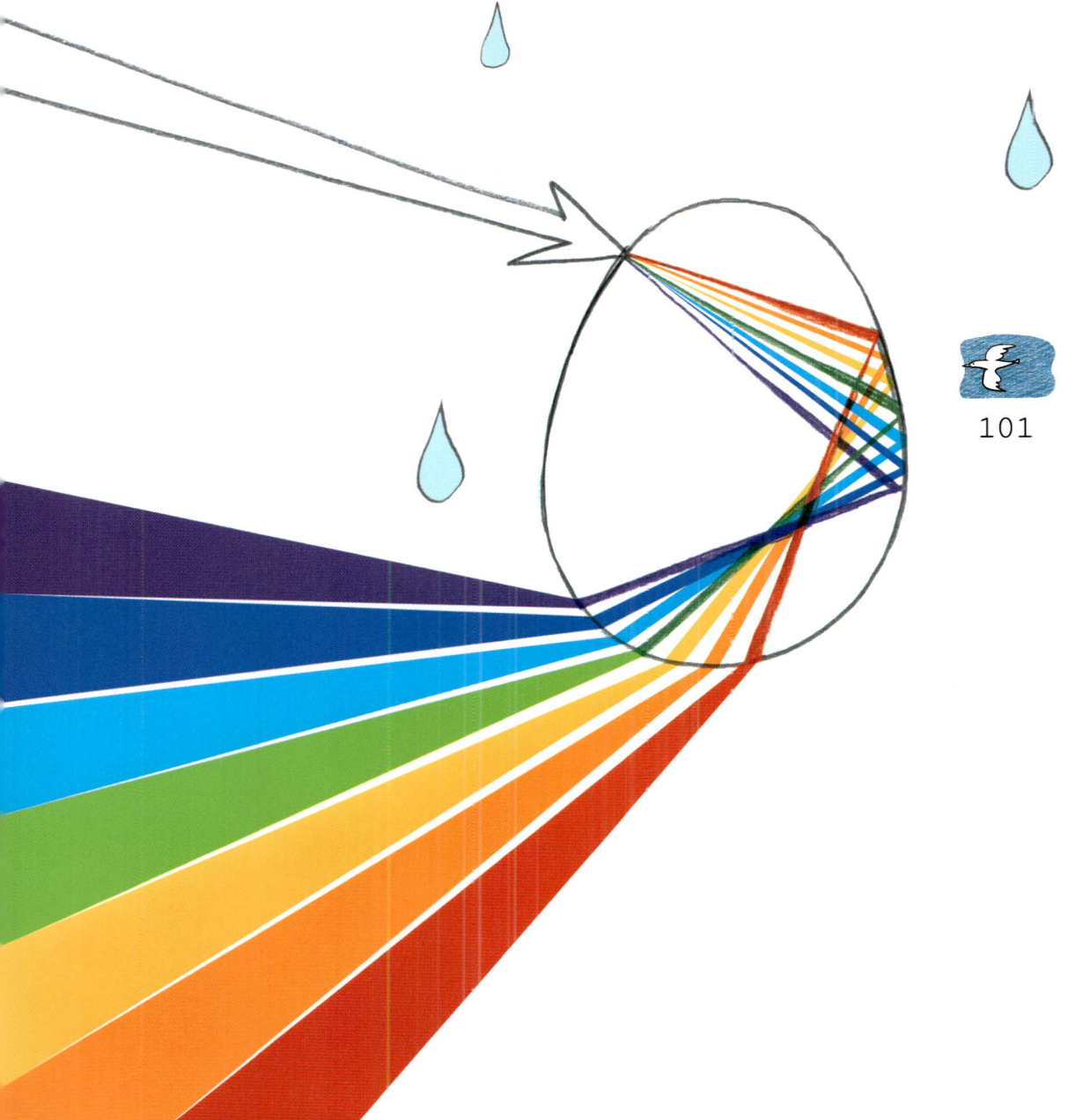

4. 흙먼지가 온통 하늘을 뒤덮어요

"하늘이 온통 누렇고, 앞을 보기도 힘들 정도입니다."
"숨을 제대로 쉴 수가 없습니다."

기나긴 겨울이 지나고 봄이 되면, 사람들은 화창한 봄날을 기대하지만 '황사'란 불청객이 유난히 자주 찾아듭니다. 황사는 중국과 몽골의 사막에 있는 모래와 흙먼지가 우리나라까지 날아와서 떨어지는 현상을 말합니다. 그런데 중국 저 멀리 있는 흙먼지가 어떻게 우리나라까지 날아오게 되었을까요?

중국과 몽골 부근에는 알라신사막, 고비사막, 타클라마칸사막이 있습니다. 이 사막과 황토 땅은 겨울에 꽁꽁 얼어 있다가 봄이 되어 땅이 풀리면 작은 모래로 부서지는데, 그 작은 흙먼지는 가볍기 때문에 저기압같이 위로 빨아들이는 공기를 만나면 쉽게 하늘로 올라가게 됩니다.

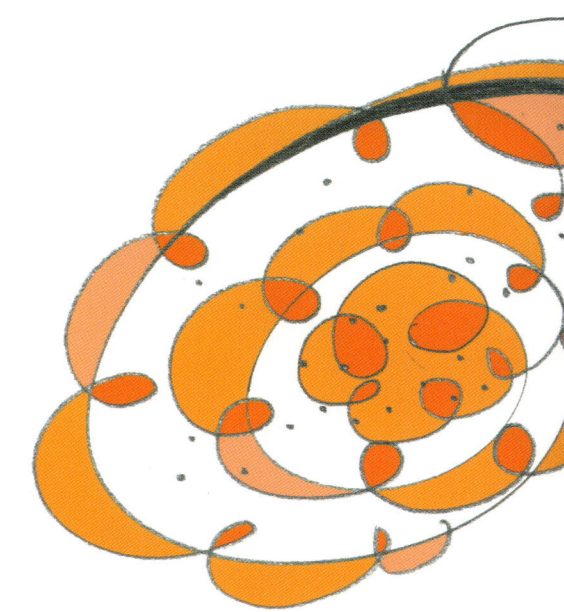

그런데 중국과 우리나라가 있는 중위도의 높은 하늘에는 '편서풍'이라는 큰바람(편서풍은 이름 그대로 서쪽에서 동쪽으로, 즉 중국에서 우리나라로 불어오는 바람입니다. 구름도 이 바람을 타고 움직인답니다)이 항상 불고 있기 때문에 이 편서풍을 타고 중국에 있던 흙먼지가 우리나라까지 날아올 수 있는 것이랍니다.

즉, 황사가 생기기 위해서는, ① 많은 흙먼지→ ② 흙을 하늘로 빨아들이는 상승기류→ ③ 타고 이동할 바람(편서풍)이 필요한 것입니다. 이건 마치 입에서 입으로 꽃잎을 붙여서 옮기는 게임과 비슷하답니다. 꽃잎을 빨아들여서 상대방에게 옮겨 주는 것처럼, 바람이 작은 모래먼지를 빨아들여서 우리나라로 이동시키는 것이죠.

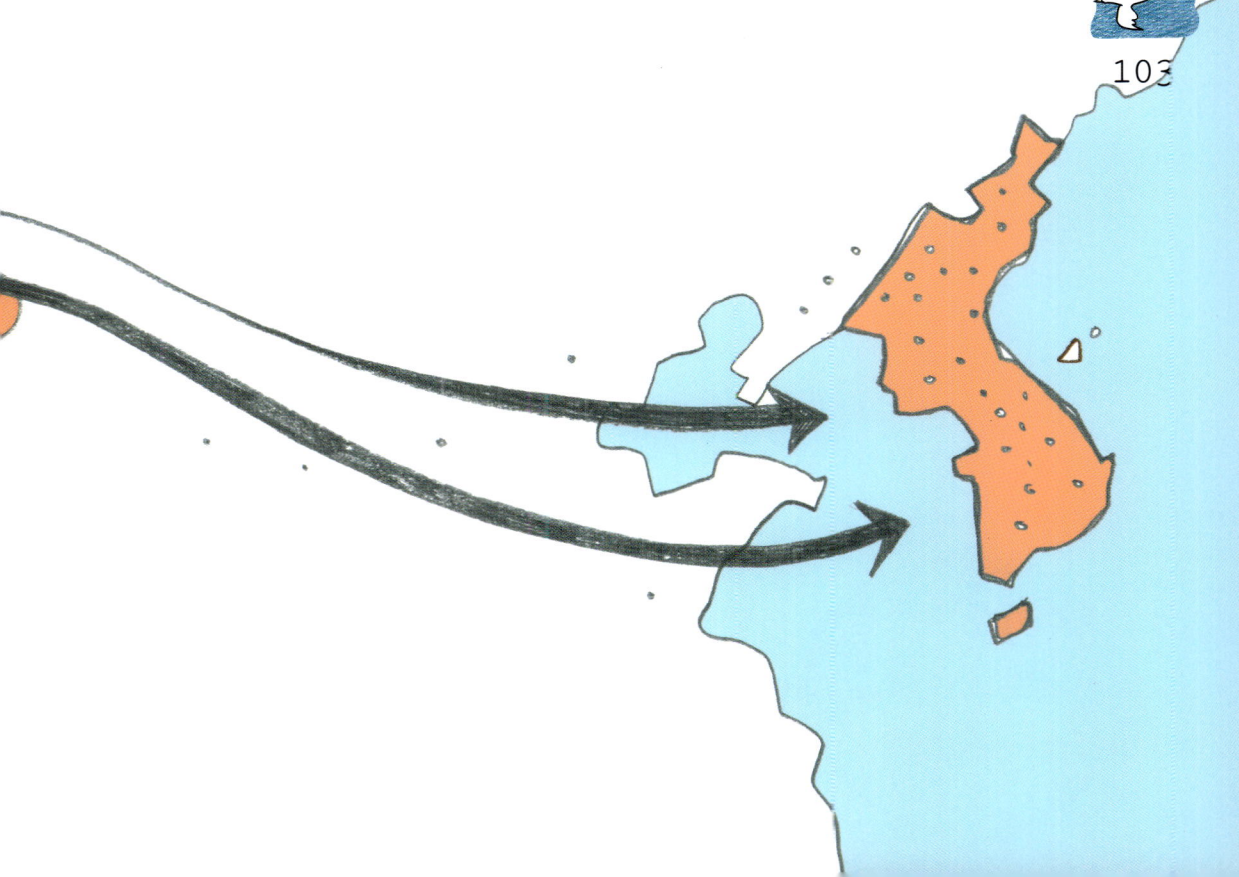

5. 백만 톤의 중금속 먼지가 쏟아져요

황사가 한번 나타날 때마다 우리나라로 불어오는 흙먼지의 양은 얼마나 될까요? 물론 얼마나 강한 황사인지에 따라서 다르겠지만, 대략 백만 톤 정도의 흙먼지가 날아온다고 알려져 있습니다. 백만 톤이면, 이사 갈 때 쓰는 아주 큰 10톤짜리 트럭으로 무려 10만 대가 옮겨야 하는 어마어마한 양이랍니다.

이 황사먼지는 아주 작고 가벼운 먼지들이기 때문에, 우리 몸 속으로도 쉽게 들어올 수 있습니다. 숨을 쉴 때 공기와 함께 이 흙먼지가 우리 몸으로 빨려 들어와 폐에 딱 달라붙게 되면 호흡기 질환 등이 일어납니다.

게다가 더욱 문제가 되는 것은 중국에 많은 공장이 생기고, 여기서 매연을 내뿜게 되면서 흙먼지에도 납이나 알루미늄, 카드뮴 같은 중금속이 섞여 있다는 사실입니다.

아직 인간의 힘으로 황사를 막을 수는 없지만 흙먼지의 양을 줄여갈 수는 있습니다. 사막이 적어진다면 당연히 하늘로 날아올라 갈 흙먼지의 양도 줄 것이고, 우리나라로 오는 황사 역시 약해질 것입니다. 황사를 줄이는 노력이 쉽지는 않지만 각 나라들이 서로 협력해 가고 있답니다.

일곱, 봄·여름·가을·겨울 이야기

1. 사계절이 생기는 이유 1
2. 사계절이 생기는 이유 2
3. 재미있는 계절 이야기
4. 기후란?
5. 우리나라에 나타나는 기후 변화
6. 바람과 바다는 친구 사이
7. 바다와 기후

1. 사계절이 생기는 이유!

여러분은 계절의 변화를 무엇으로 느끼나요? 잘 모르겠다면 옷장을 한번 열어 보세요! 얇은 옷, 두꺼운 옷, 반팔 티셔츠에서 긴팔 체육복까지. 이렇게 다양한 옷들 속에 사계절이 들어 있답니다. 우리가 경험하는 사계절은 주로 '기온'의 변화를 의미합니다. 그렇다면 같은 지역에서도 더위와 추위 같은 극과 극의 날씨가 생겨나는 이유는 무엇일까요? 우리가 살고 있는 지구는 태양을 중심으로 원을 그리듯이 돌고 있습니다. 이것을 '공전'이라고 합니다. 지구는 이 공전면에 대해서 자전축이 23.5℃ 기울어져 있습니다. 그래서 북반구와 남반구가 서로 다르게 햇빛을 받아들이게 되고 사계절이 생겨나는 것이랍니다.

겨울

태양의 빛은 수직으로 들어올 때 가장 강합니다. 하루 중 태양이 우리 머리 바로 위에 있는 정오에 햇빛이 가장 강렬한 것처럼, 북반구에서 태양의 고도가 높아졌을 때(태양이 북극을 바라보고 있을 때) 북반구에 여름이 찾아옵니다. 반대로 태양이 남극을 바라보게 되면 북반구에는 빛이 비스듬히 들어오기 때문에 추운 겨울이 되는 것이랍니다.

북반구의 여름
남반구의 겨울

북반구, 남반구란?
지구를 자전축에 수직으로 반 갈랐을 때, 북극 쪽 반을 **북반구**, 남극 쪽 반을 **남반구**라고 합니다. 우리나라는 북반구에 위치해 있습니다.

2. 사계절이 생기는 이유 2

여름은 낮의 길이가 길고 겨울은 짧아서 태양의 일조시간(해가 떠서 질 때까지의 시간)에 차이가 생겨납니다. 실제로 햇빛이 내리쬔 시간이 달라지기 때문에 이것도 계절의 특징을 만들어내는 요소들 중 하나라고 할 수 있답니다.

자전축은 무엇일까요?

지구를 비롯해 행성들은 (눈에 보이지는 않지만) 중심을 지나는 축을 하나씩 세워, 이 축을 중심으로 회전을 하고 있답니다. 이런 회전을 '자전'이라고 하고요, 이 가상의 축을 '자전축'이라고 한답니다. 지구의 특징 중 하나는 자전축이 공전하는 면에 대해서 23.5° 기울어져 있다는 것입니다.

만일 지구의 자전축이 23.5° 기울어져 있지 않다면, 우리나라는 항상 봄 같은 날씨만 계속 되었을 거예요. 반대로 자전축이 23.5°보다 훨씬 더 많이 기울었다면, 우리나라도 여름에는 훨씬 더위가 심해지고 반대로 겨울은 지금보다 더욱 추워지겠죠.

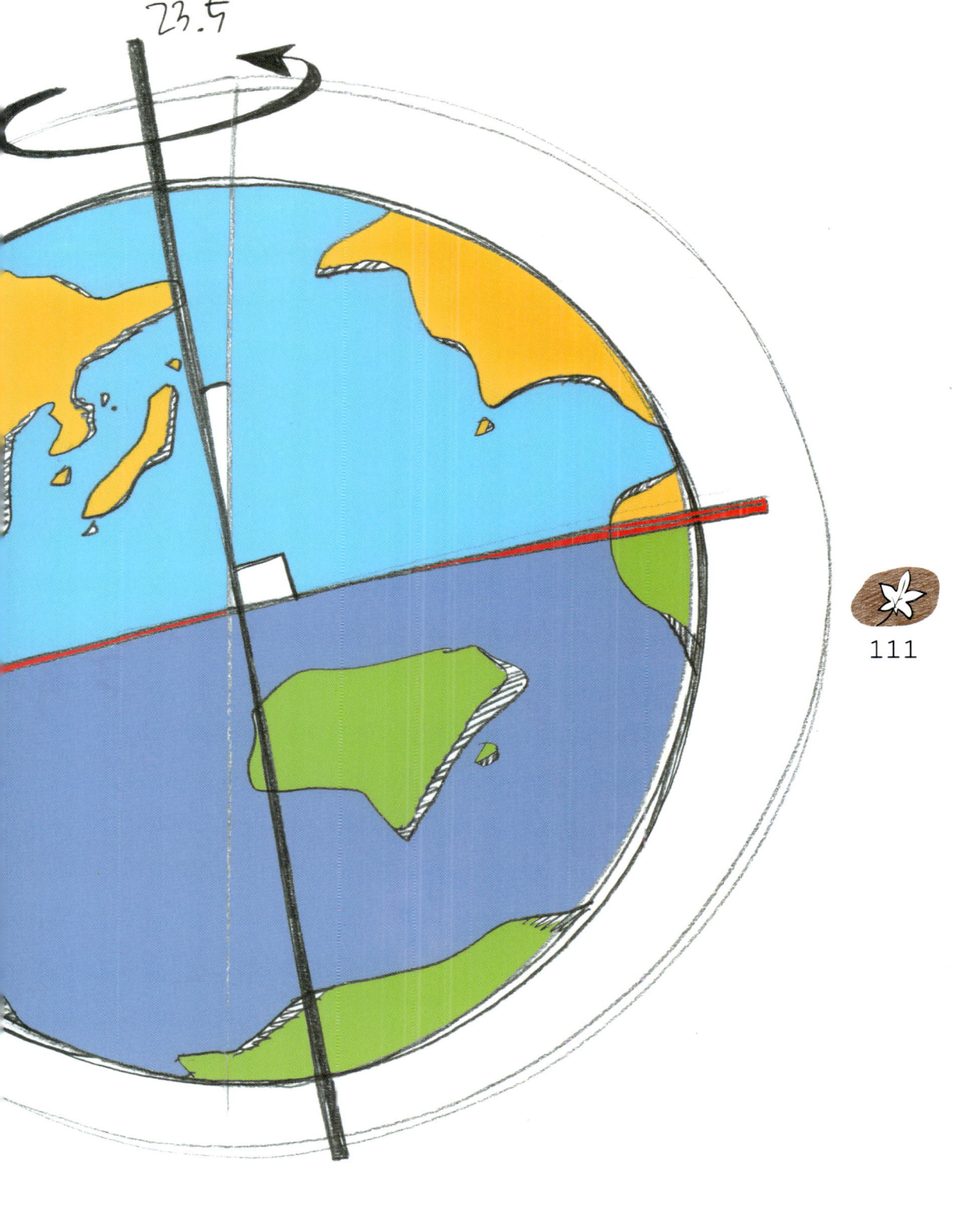

111

3. 재미있는 계절 이야기

우리나라는 중위도 '온대성기후대'에 속합니다. 이 기후대는 봄, 여름, 가을, 겨울의 사계절이 뚜렷하게 나타나기 때문에 계절 따라 다양한 변화가 생겨난답니다. 그러면 어디 한번 재미있는 계절 이야기를 들어 볼까요?

여름

대머리 아저씨의 머리는 우리보다 더 시원할까요? 답은 "노! 노! 노!" 입니다. 우리가 걷거나 일상생활을 할 때, 햇빛을 가장 많이 받는 부분은 바로 머리입니다. 한여름의 햇빛은 화상을 입힐 만큼 강렬합니다. 머리카락은 이렇게 뜨거운 햇빛이 머리에 직접 닿지 않도록 햇빛을 막아 주고 머리를 보호하는 역할을 합니다.

사막처럼 태양이 강한 곳에 사는 사람들의 옷차림을 가만히 살펴보세요. 천으로 온몸을 칭칭 감싸고 있답니다. 바보 같은 짓처럼 보이지만, 사실은 옷을 벗고 있는 것보다 통풍이 잘되는 천으로 햇빛을 차단하는 것이 훨씬 더 시원하기 때문이랍니다.

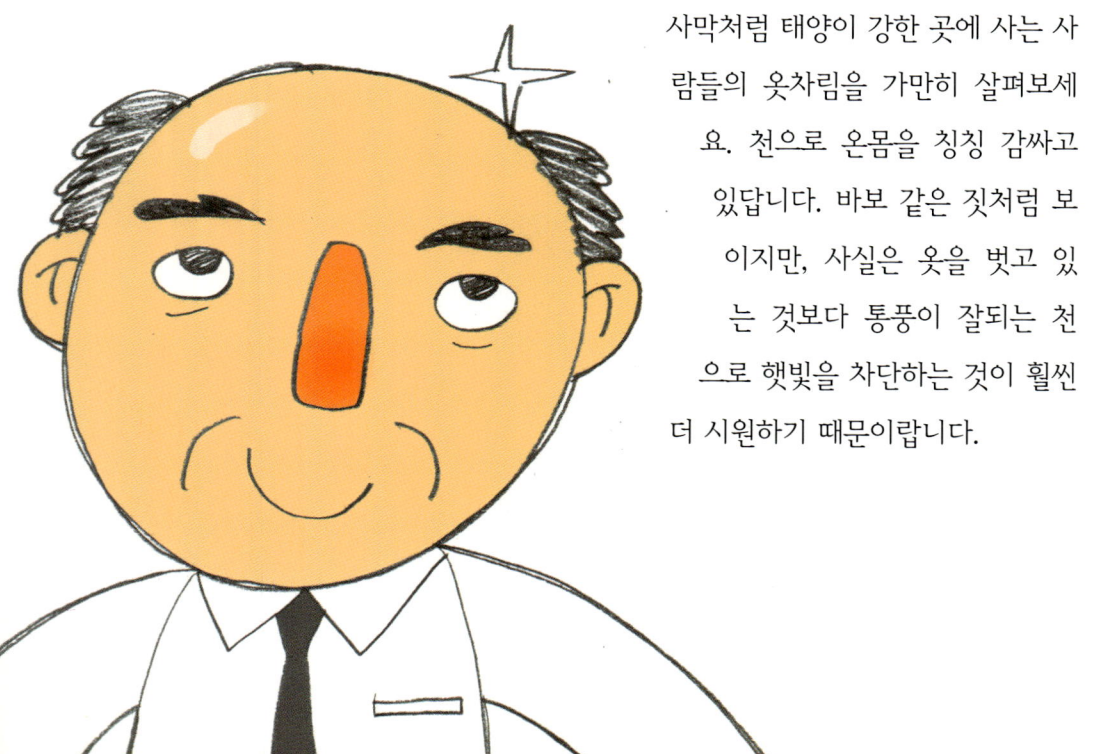

우리가 흔히 쓰는 접는 **부채**는 고려시대에 만들어졌습니다. 부채의 모양은 바람이 잘 일어나도록 만들어졌는데, 손을 펄럭펄럭 움직일 때 생기는 힘이 밖으로 고루 펴져 나갈 수 있도록 해서 작은 힘으로도 공기의 움직임을 크게 만드는 것이랍니다. 고려 중엽부터 조선시대 말까지 더위가 시작되는 단오에 부채를 선물로 주고받는 풍속이 이어지기도 했답니다.

겨우내 약했던 햇빛이 다시 강해지는 화창한 봄날! 강렬한 뙤약볕이 내리쬐는 한여름의 해변! 이때 **선글라스**는 필수품입니다. 특히 봄과 여름에는 거리에서도 선글라스를 낀 사람들을 자주 볼 수 있습니다. 선글라스는 멋을 위해 필요하기도 하지만, 강한 햇빛 아래에서 눈을 보호하기 위해서도 꼭 쓰는 것이 좋습니다.

한여름 강한 태양 아래 해수욕을 하면 피부가 타고 껍질이 벗겨지는 것처럼, 눈도 강한 햇빛을 받으면 상처를 입습니다. 강한 자외선은 우리 눈의 가장 겉에 있는 각막과 결막에 영향을 줘서 각막염과 결막염을 일으킬 수 있답니다.

겨울

　추운 겨울 외출을 할 때 옷을 한 벌 더 입는 것보다, 작아도 **목도리**를 하는 것이 훨씬 따뜻하다는 걸 느껴 봤을 겁니다. 목도리는 파고드는 칼바람을 막아 주기도 하지만, 우리 몸에서 추위를 가장 많이 타는 부분인 '목'을 따뜻하게 해주기 때문에 무엇보다 보온효과가 뛰어나답니다. 목에는 지방이 없기 때문에 몸의 다른 곳보다 추위를 많이 느낍니다. 목도리를 두르면 체감온도가 5℃ 이상 올라간다고 하니 기억해 두세요. 작은 목도리의 보온효과를!

벙어리장갑이 더 따뜻해요!

 몸의 어떤 다른 곳보다 손과 발이 유난히 더 시린 이유는 체표면적이 넓기 때문입니다. 체표면적이란 몸의 겉넓이를 말하는데 손과 발은 다섯 개의 손가락, 발가락으로 갈라져 있어서 공기와 닿는 부분이 많습니다. 공기와 닿는 부분이 많아질수록 열을 더 많이 빼앗기게 되므로, 손가락을 한 덩어리로 모아 주는 벙어리장갑을 끼면 체표면적이 줄기 때문에 손가락장갑을 꼈을 때보다 손이 덜 시립니다.

봄

황사가 나타나면 **삼겹살** 집이 붐빈답니다.

돼지고기의 기름에는 불포화지방산이 들어 있습니다. 이 불포화지방산은 폐에 쌓인 공해물질, 특히 탄산가스를 녹여 준다고 합니다. 그래서 황사로 인해 많은 먼지와 중금속이 날아들어 올 때, 돼지고기를 먹으면 건강에 도움이 됩니다. 우리나라보다 훨씬 강력한 황사를 겪는 중국사람들이 건강을 유지할 수 있는 것도 돼지고기를 즐겨 먹는 식습관을 갖고 있기 때문이라는 이야기도 있습니다.

가을

가을이 되면 **천고마비**(하늘은 높고 말(馬)이 살찌는 계절)라는 말을 자주 듣게 됩니다.

'천고마비'란 말은 당나라 초기 두심언이란 시인의 시에서 나온 '추고새마비'가 원말입니다. 추고새마비는 '가을하늘이 높으니 변방의 말이 살찌는구나'라는 뜻입니다. 몽고군은 겨울을 준비하기 위해 가을이 되면 중국의 당나라를 침략했습니다. 이때쯤이면 당나라는 추수가 끝나 곡식이 가득할 때였으니까요. 당나라 사람들은 추수하는 가을이 되어 좋긴 한데 몽고군이 쳐들어올 것을 걱정한다는 의미입니다. 생각보다 그렇게 낭만적인 얘기는 아니죠?

봄은 여자의 계절, 가을은 **남자**의 계절이라고 합니다. 남성은 여성에 비해 지방이 적기 때문에 피부가 더 쉽게 건조해지고 추위에 민감하게 반응해 더욱 스산하게 느낀답니다.

4. 기후란?

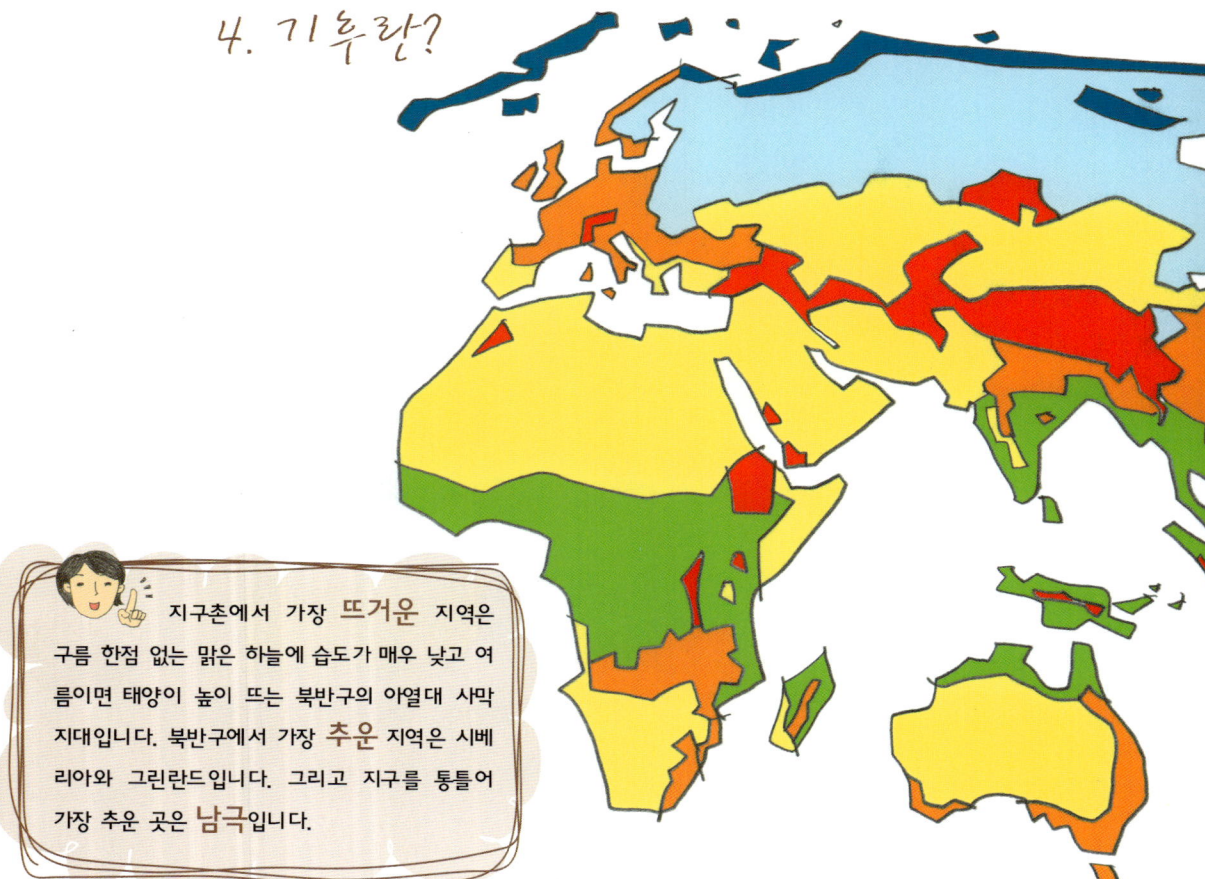

지구촌에서 가장 **뜨거운** 지역은 구름 한점 없는 맑은 하늘에 습도가 매우 낮고 여름이면 태양이 높이 뜨는 북반구의 아열대 사막지대입니다. 북반구에서 가장 **추운** 지역은 시베리아와 그린란드입니다. 그리고 지구를 통틀어 가장 추운 곳은 **남극**입니다.

　　　　TV를 통해 다른 지역에 살고 있는 친구들의 모습을 보게 됩니다. 어떤 곳에는 일년 내내 뜨거운 볕이 내리쬐는 여름만 계속되고 몇 달 동안 비 한 방울 내리지 않는 곳도 있고, 또 어떤 곳에선 꽁꽁 언 빙하 위에서 얼음으로 된 집을 짓고 살아가기도 합니다. 이렇게 지구 식구들은 각각 다른 날씨 환경 속에서 살고 있답니다. 열대 밀림에서 풀 한 포기 나지 않는 사막까지, 어떤 지역에서 오랜 시간 동안 특징적으로 나타나는 날씨를 우리는 '기후'라고 부릅니다.

기후는 주로 위도(적도에 얼마나 가까이 있느냐)에 따라 다르게 나타납니다. 적도와 가까울수록 태양빛이 강하게 들어오기 때문에 뜨거운 날씨를 보이고, 극으로 갈수록 햇빛이 약해지기 때문에 서늘하거나 추운 기후를 보인답니다.

또 덥고 추운 것 외에도 비가 얼마나 오는지, 바다와 가까운지, 주변을 지나는 바닷물은 차가운지 따뜻한지, 산이 있는지 등에 따라서도 영향을 받는답니다.

5. 우리나라에 나타나는 기후 변화

지구가 온난화되면서 우리 한반도의 기온도 올라가 이상기후가 자주 발생하고 있습니다. 특히 우리나라의 기후가 변화하는 속도는 매우 빠른 편입니다. 지난 100년 동안 지구 전체는 기온이 0.6℃ 올라간 반면에 한반도의 연평균 기온은 1.5℃나 올라갔습니다.

특히, 서울은 우리나라 어느 곳보다도 기온이 빠르게 올라갔습니다. 많은 사람들이 서울로 모여들면서 도시화가 되었기 때문으로 보고 있는데 최근에는(1909년~2003년) 서울의 겨울이 짧아지고 여름이 길어지는 경향을 보이고 있습니다. 특히 1986년 이후로는 포근한 겨울이 계속되면서 한강을 뒤덮던 두꺼운 얼음도 볼 수 없어졌답니다.

또 집중호우도 심해졌습니다. 일 년 동안 내리는 비의 양은 늘어났는데 오히려 비가 내리는 날의 수는 줄면서 한 번에 더욱 많은 비를 쏟아붓고 있답니다.

	1920년대	1990년대
강수량	1150~1170mm	1250mm
강수일수	116~118일	105일

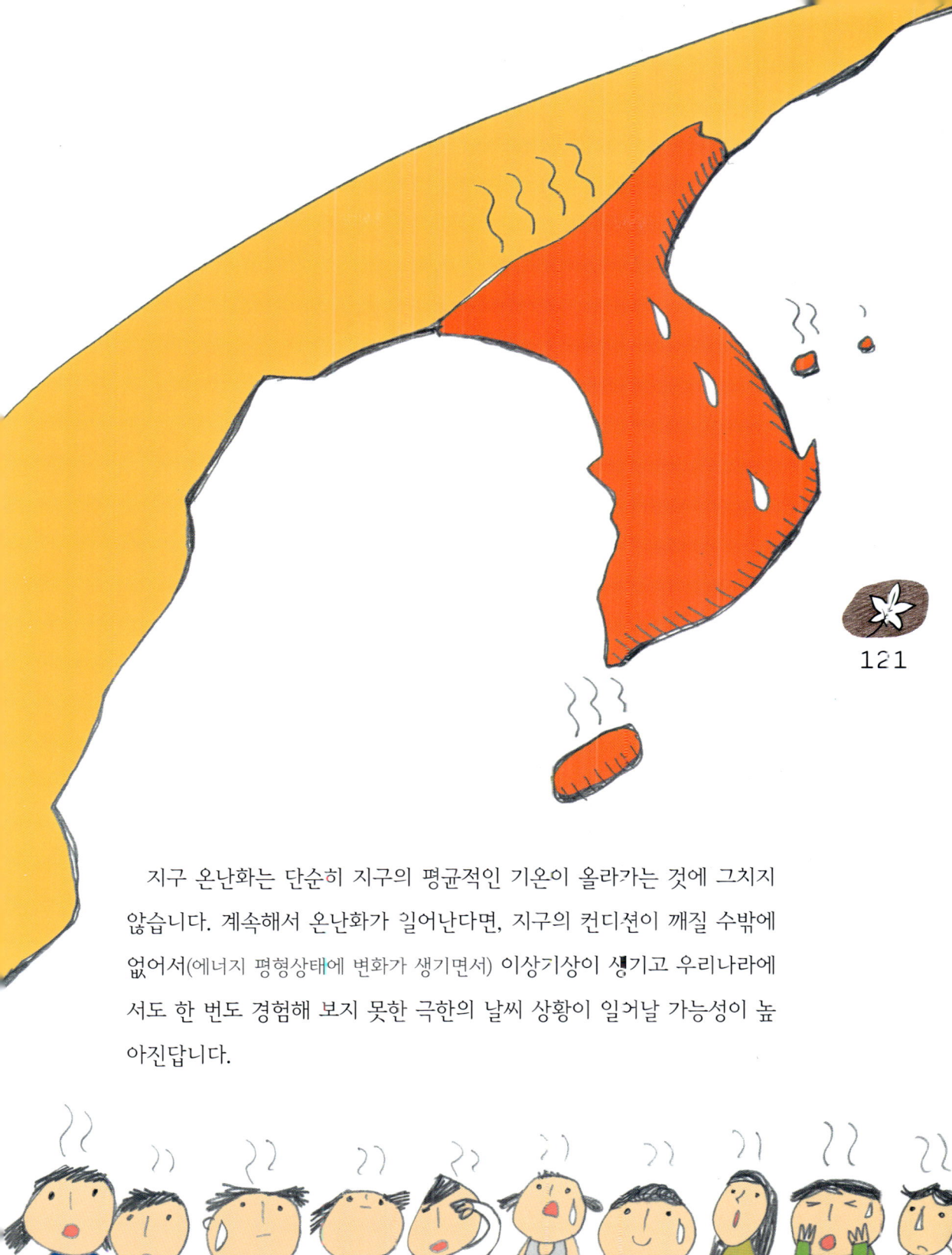

　지구 온난화는 단순히 지구의 평균적인 기온이 올라가는 것에 그치지 않습니다. 계속해서 온난화가 일어난다면, 지구의 컨디션이 깨질 수밖에 없어서(에너지 평형상태에 변화가 생기면서) 이상기상이 생기고 우리나라에서도 한 번도 경험해 보지 못한 극한의 날씨 상황이 일어날 가능성이 높아진답니다.

6. 바람과 바다는 친구 사이

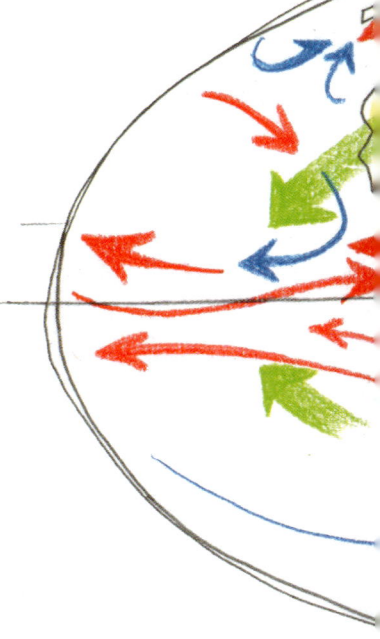

새 학기가 시작되고 반 배정을 받으면, 우리는 앞·뒤·옆 등 주변에 있는 친구들과 먼저 친해집니다. 그리고 친해질수록 자신이 친구들과 비슷해져 가는 모습을 발견할 수 있을 겁니다.

바람과 바다 역시 아주 친한 친구 사이랍니다. 그래서 공기와 맞닿아 있는 바다의 윗부분은 대부분 바람이 부는 방향과 비슷하게 흘러갑니다.

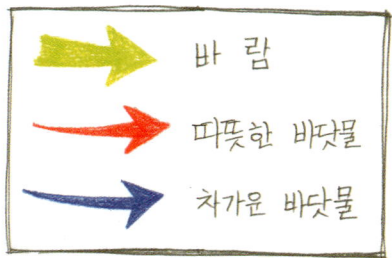

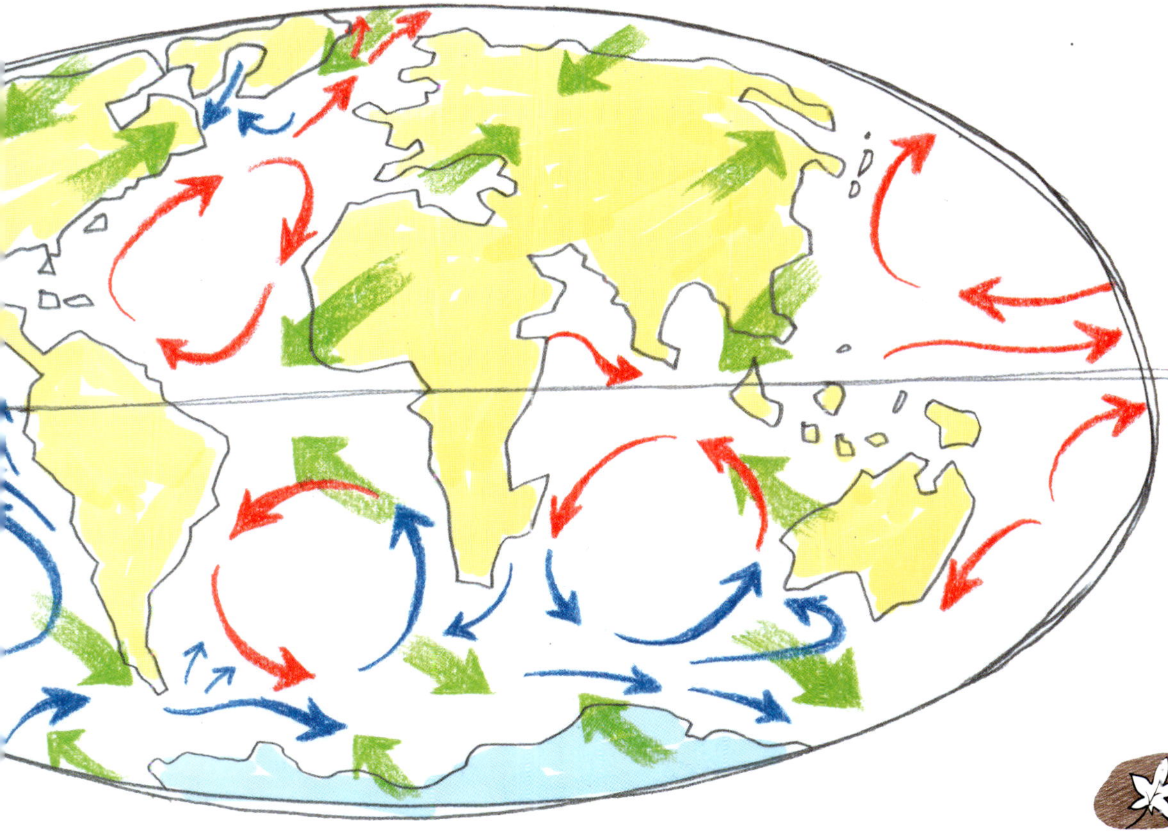

지구를 둘러싼 공기는 여섯 덩어리로 나누어진 큰 바람을 만들고 있고, 이 바람을 따라서 바다가 흐르고 있습니다. 바람을 따라 바다가 지구를 돌다 보면, 극지방을 지나기도 하고 적도를 지나가기도 합니다. 추운 극지방을 지나가면서 바다는 차갑게 식고, 뜨거운 적도를 지나가면서 다시 따뜻하게 데워집니다. 이렇게 바다는 바람을 따라 여행을 하며 열을 이리저리 옮겨 놓습니다. 그래서 지구는 태양이 준 열을 공평하게 나눠 쓸 수 있는 것이랍니다.

7. 바다와 기후

기후가 변화하는 데는 태양활동의 변화나 바닷물의 온도변화, 화산 폭발에 의한 공기 중의 먼지 증가 등과 같은 자연적인 이유가 있고, 온실가스의 증가나 환경오염, 삼림의 파괴 등과 같이 사람이 만든 원인도 있습니다.

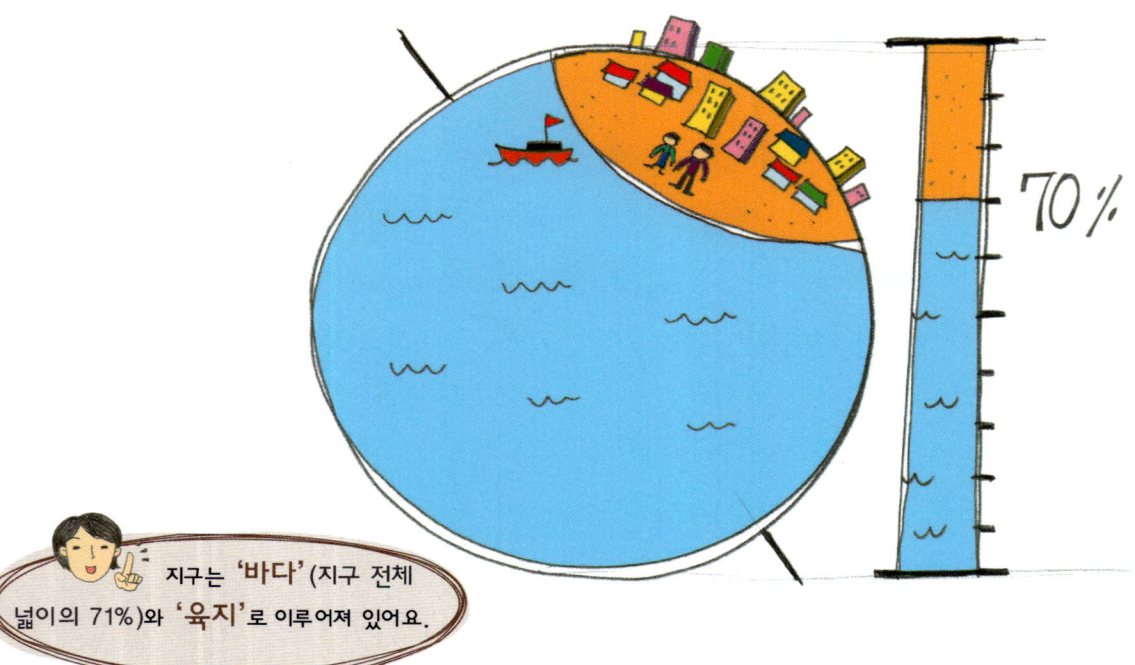

지구는 '바다'(지구 전체 넓이의 71%)와 '육지'로 이루어져 있어요.

이 중 바다는 기후변화를 일으키는 특히 중요한 역할을 하고 있습니다. 지구 표면의 대부분을 차지하고 있기 때문인데, 바닷물의 상태에 따라서 대기로 전해지는 열(에너지)에도 변화가 생겨납니다.

따뜻한 바닷물이 주변을 지나가면 온난한 기후가 나타나고, 차가운 바닷물이 지나가면 주변 육지의 기후는 서늘해진답니다.

다만, 육지와 바다는 열을 받아들이고 내보내는 속도에 차이가 있습니다. 바다는 육지에 비하면 느림보입니다. 육지는 밥을 빨리 먹고 똥을 빨리 싸는 것처럼, 태양이 주는 열에너지를 빨리 받아들이고 또 빨리 내보내 금방 식어 버립니다.

이에 비해 느림보 바다는 열에너지인 밥을 천천히 먹어 서서히 뜨거워지고, 식을 때도 천천히 차가워집니다.

이런 차이로 바다는 여름에 공기를 식히고, 겨울에 공기를 따뜻하게 만드는 역할을 합니다. 바다는 급격한 온도의 변화를 막을 수 있고, 사람들은 물론 지구에 살고 있는 모든 생물들이 살기에 더욱 편안하고 적절한 상태를 유지할 수 있게 해준답니다.

여덟,
변화하는 지구

1. 공기는 지구를 덮고 있는 담요
2. 지구에 열이 나요, 지구온난화
3. 도시는 뜨거워지고 있는 섬
4. 늑대와 양, 두 모습의 오존
5. 지구의 양산, 오존층
6. 자연이 준 공기청정기, 숲
7. 빙하 시소

1. 공기는 지구를 덮고 있는 담요

우리 지구는 태양에서 오는 햇볕을 받아 생명체가 살아가기 적절한 상태를 유지하고 있습니다. 지구가 이런 살기 좋은 환경을 가질 수 있는 것은 공기라는 담요를 덮고 있기 때문이랍니다. 이렇게 공기가 지구의 기온을 따뜻하게 유지시키는 것을 '온실효과'라고 합니다.

> **화석연료**는 지질시대에 살았던 동·식물들의 시체가 오랜 시간 화석처럼 변해 만들어진 연료입니다. **석탄과 석유, 가스** 같은 것들이 있고, 태우게 되면 화석연료 속에 있던 **이산화탄소** 등이 밖으로 나오게 된답니다.

영하 18°C

지구

지구는 스스로 평형을 유지하려는 성질을 가지고 있습니다. 그래서 태양이 준 열에너지를 다시 지구 밖으로 반사시킵니다. 그런데 이 때, 지구의 공기 속에 들어 있는 수증기나 이산화탄소 같은 가스들은 지구에서 빠져나가는 열의 일부를 흡수해 다시 지구로 돌려보내줍니다. 그래서 지구가 따뜻한 상태(영상 15℃)를 유지하는 것이랍니다. 만약 태양이 준 열에너지를 모두 지구 밖으로 내보낸다면, 지구는 영하 18℃의 매우 추운 날씨가 될 것입니다.

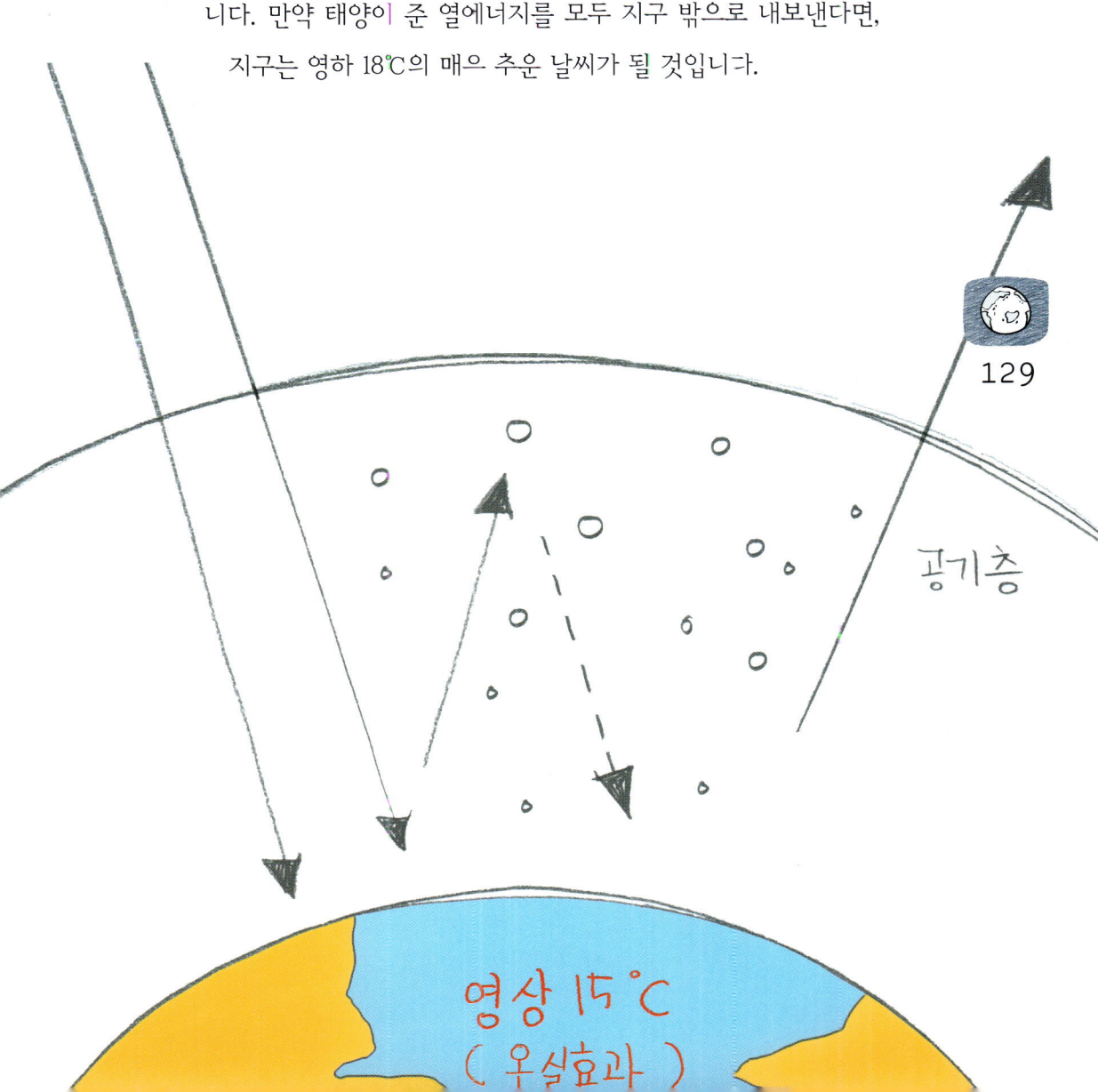

2. 지구에 열이 나요, 지구온난화

나이가 들면서 키가 자라고 목소리가 변하는 것처럼 지구의 모습도 조금씩 변해 간답니다. 할아버지께 여쭤 보면 예전엔 꽁꽁 언 한강에서 스케이트 대회를 열었다거나, 얼어붙은 한강을 건너 피난을 갔다는 얘기도 들을 수 있습니다. 하지만, 지금은 한겨울에도 한강에서 살얼음만 살짝 살짝 볼 수 있을 뿐입니다. 바로 이런 현상들이 지구가 변화하고 있다는 증거입니다.

지구가 뜨거워지고 있다는 얘긴 많이 들어 봤을 겁니다. 이 말은 지구의 표면 온도가 계속 올라가고 있다는 것을 뜻한답니다. 지난 140년 동안 지구의 온도(표면 평균)는 약 6℃ 정도 높아졌고, 특히 1990년대 이후 따뜻해지는 속도가 더욱 빨라졌습니다. 이렇게 지구가 뜨거워지는 현상을 '지구온난화' 라고 합니다.

세계의 많은 대기과학자, 해양학자, 정치인 등이 머리를 맞대고 연구 중인 시급한 과제 중의 하나가 바로 '지구의 온난화' 입니다. 그런데 도대체 무슨 일이 벌어지기에 이렇게 대책을 서두르는 것일까요?

　지구가 따뜻해지면서, 지금 이 시각에도 극지방의 꽁꽁 얼어 있던 빙하(큰 얼음덩어리들)가 녹고 있습니다. 녹아 버린 빙하의 양만큼 물이 되어서 결국 지구를 덮고 있는 바닷물이 늘어나게 됩니다. 이렇게 바닷물의 높이(해수면)가 올라가면 섬이나 바닷가 저지대는 물에 잠기게 된답니다.

　또 빙하가 녹은 차가운 바닷물이 퍼져 나가면서 곳곳의 날씨와 기후까지 바꾸어 놓기도 합니다. 이런 변화는 인간을 포함한 동물, 식물 모두에게 수많은 변화를 가져온답니다.

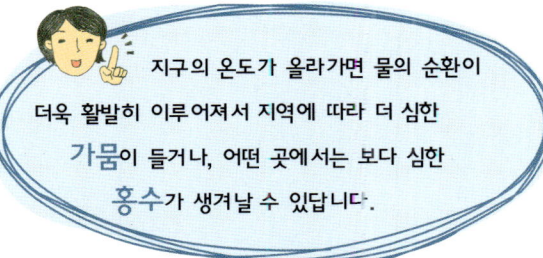

지구의 온도가 올라가면 물의 순환이 더욱 활발히 이루어져서 지역에 따라 더 심한 가뭄이 들거나, 어떤 곳에서는 보다 심한 홍수가 생겨날 수 있답니다.

3. 도시는 뜨거워지고 있는 섬

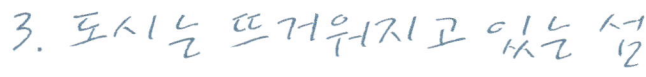

　방학이면 시골에 계시는 할머니 댁으로 내려가거나, 산으로 가족 모두 여행을 떠나 본 경험이 있을 거예요. 여름날 저녁, 시골에서는 선선한 바람을 맞으며 평상에 둘러앉아 수박을 먹기도 한답니다.

　하지만 도시로 돌아오기만 하면 시원한 바람은커녕 한밤에도 더위가 이어져서 잠을 이루지 못하고 끙끙대거나, 에어컨을 밤새 틀어 놓아서 감기에 걸리기도 합니다.

이렇게 주변 지역보다 도시가 뜨거운 것, 도시 위를 뜨거운 공기가 섬처럼 덮고 있는 것을 '도시의 열섬효과'라고 합니다. 바로 도시가 뜨거운 열기의 섬이 되었다는 말입니다. 도시는 시골과 달리 많은 건물들이 있기 때문에 낮에 들어온 태양의 뜨거운 열기가 밖으로 빠져나가지 못하고 건물사이를 맴돌며 공기를 더욱 뜨겁게 데웁니다. 또 도시 생활 속에서 만들어진 수많은 가스들도 남아 있는 열을 붙잡는 역할을 합니다. 이런 이유로 햇빛이 없는 밤에도 공기가 식지 못하는 경우가 종종 있습니다. 한여름 도시에선 해가 진 뒤에도 더위가 이어져 열대지방처럼 잠을 이루기 힘든 날이 있는데, 이런 밤을 '열대야'라고 합니다. 1년 중 서울에선 대략 9일, 광주 17일, 대구 18일 정도 열대야가 나타나고 있습니다.

4. 늑대와 양, 두 모습의 오존

오존이란 세 개의 산소원자가 모인 가스를 말합니다. 이 오존은 어떻게 생겨나 어디에 존재하느냐에 따라서, 순한 '양'이 되기도 하고 난폭한 '늑대'가 되기도 합니다. 숲이나 자연에서 나오는 자연적인 오존은 우리에게 도움을 주지만, 자동차나 공장의 배기가스가 한여름의 뜨거운 햇빛을 받아서 화학적으로 생겨난 오존은 우리 몸에 아주 해롭습니다.

생활 속에서 오존 소독기, 오존 공기 청정기, 오존 발생기와 같이 오존을 이용한 물건들을 쉽게 찾아볼 수 있습니다. 오존은 균을 없애는 능력이 뛰어나기 때문에 공기나 물을 깨끗이 하는 곳에서 많이 쓰이고 있습니다. 산 속 공기가 상쾌하게 느껴지는 것도 나무가 뿜어내는 공기에 오존이 들어 있기 때문입니다.

스모그(smog)!

스모그는 1900년대에 런던에서 생겨난 말로 안개(fog)와 연기(smoke)가 합해진 단어입니다. 요즘 들어선, 도시 매연과 공기 속 오염물질이 햇빛을 받아 변형되면서 안개처럼 보이는 '광화학 스모그'를 주로 의미합니다. 오존은 이 광화학 스모그의 주성분이라고 할 수 있습니다.

우리가 숨 쉬고 있는 곳인 지상의 오존은 질소산화물이나 탄화수소와 같은 오염물질이 태양의 뜨거운 열을 받아 화학작용을 일으키면서 변해 버린 '괴물 오존'입니다. 이 '괴물 오존'은 공장이나 자동차에서 바로 뿜어져 나오는 것이 아니라, 공기 중에 쌓여 있던 매연들이 햇빛을 받아 이상하게 변해 버린 2차적인 오염물질입니다. 그래서 햇빛이 강한 오후에, 계절적으로는 여름철에 오존 농도가 더 짙게 나타납니다.

5. 지구의 양산, 오존층

오존은 지상뿐만 아니라 성층권(땅에서부터 하늘 위로 10~50km 올라간 높이의 하늘)에서도 볼 수 있습니다. 이 성층권에 있는 오존은 얇은 막의 모습으로 지구를 보호하고 있습니다. 이 오존의 막을 '오존층'이라고 하는데, 옷이 몸을 보호해 주듯이 지구를 자외선으로부터 보호해 주는 아주 중요한 역할을 합니다. 태양이 보내는 강렬한 자외선을 우리가 직접 쪼인다면 피부암이나 백내장에 걸릴 수 있고, 면역 기능에도 이상이 나타나 농작물과 동물들에게도 큰 피해가 일어나게 됩니다.

문제는 언젠가부터 지구의 옷이라고 할 수 있는 오존층에 구멍이 나고 있다는 것입니다. 1985년 영국의 남극 조사팀에 의해서 남극의 오존이 파괴되고 있다는 것이 처음 밝혀진 이래로, 1987년 10월에는 오존층의 심각한 파괴가 관측되었습니다. 이처럼 구멍난 오존층을 '오존홀'이라고 하는데, 지금도 오존층은 계속해서 얇아지고 있습니다. 특히 오존층의 파괴가 가장 심한 곳은 남극입니다. 그렇다면 우리 지구의 옷인 오존층을 자꾸 구멍 내고 헤지게 만드는 나쁜 녀석은 누구일까요?

오존층을 파괴하는 가장 나쁜 녀석은 '프레온가스(CFCs)'입니다. 프레온가스는 냉장고나 에어컨, 헤어스프레이 등에 들어 있는 가스인데, 이 녀석이 하늘 위로 올라가면 오존을 파괴하는 '염소'라는 기체를 만들어 냅니다. 게다가 염소란 녀석은 힘도 엄청 강해서 염소 분자 하나가 수천 개에서 수십만 개의 오존을 파괴해 버립니다.

성층권 오존의 비밀이 조금씩 벗겨지고는 있지만 여전히 완전하게 밝혀내진 못했습니다. 그래서 오존층의 생성과 파괴 과정에 대해서는 앞으로도 계속 연구해야 하는데 그건 바로 여러분의 몫이겠죠!

오존층 파괴가 심각해지면서 전 세계가 힘을 합해 문제를 해결하려고 노력하고 있습니다. 처음 오존층 보호를 위한 회의는 1985년 비엔나에서 있었습니다. 이후 카나다 몬트리올에서 또다시 회의를 했는데, 이때 오존층 보호를 위해서 각 나라마다 발생하는 프레온가스의 양을 줄여 보자고 약속했답니다. 이 약속 사항을 기록한 것이 '몬트리올 의정서'입니다.

6. 자연이 준 공기청정기, 숲

　도시를 둘러싼 숲은 여가 생활을 즐길 수 있는 장소를 제공할 뿐 아니라 공기도 맑게 해줘서 여러모로 유익한 기능을 하고 있습니다. 그런데 사람들이 잘 알지 못하는 숲의 더 중요한 기능이 있습니다. 바로 이산화탄소라고 불리는 가스를 잡아먹는 청소기의 역할을 한다는 것입니다.

　여러분들의 부모님이 어렸을 때, 그러니까 지금으로부터 이삼십 년 전의 이야기를 들어 보면 옛날보다 지금이 상당히 더워졌다는 이야기를 하실 겁니다. 문명이 발달할수록 자동차와 공장 같이 대기오염 물질을 만들어내는 기계나 건물들은 많아지고 있습니다. 이로 인해 공기 중으로 많은 양의 이산화탄소가 뿜어져 나오게 되었고, 이 이산화탄소 때문에 우리가 살고 있는 지구는 점점 더 뜨거워지고 있습니다.

　사람들이 만들어 내는 이산화탄소는 산과 바다로 녹아들어 해롭지 않은 모습으로 바뀌고, 나머지가 하늘로 올라가 쌓입니다. 그런데 육지를 둘러싸고 있는 바다의 양은 일정하기 때문에 바다에 녹을 수 있는 이산화탄소의 양도 한정적입니다. 따라서, 숲이 얼마나 많은 이산화탄소를 먹어치우느냐에 따라 공기 중에 쌓이는 이산화탄소의 양이 달라집니다. 숲이 풍성해지면 그만큼 많은 양의 이산화탄소를 빨아들이기 때문에 공기가 깨끗해지는 것이랍니다.

　숲을 보존하지 않고 마구 훼손한다면 하늘에 쌓이는 이산화탄소의 양이 점점 늘어나서 우리가 사는 지구를 더욱 뜨겁게 할 것입니다. 여러분들의 집에 청소기가 없어져 쓰레기가 쌓인다면 집이 점점 더러워지겠죠? 그러니까 앞으로 숲을 더욱 사랑하는 마음을 갖자고요.

7. 빙하시소

　인공위성에서 찍은 지구를 살펴보면, 지구는 머리에 하얀색 모자를 쓰고 있습니다. 이 하얀 모자는 '빙하'라는 얼음덩어리들인데 지구의 열 균형을 맞추고 있습니다. 그런데 최근 우리는 지구의 온난화로 인해 빙하가 녹고 있다는 소식을 접하게 됩니다.

　만약 여러분들이 무더운 뙤약볕 속을 한없이 걸어가야 한다면 태양을 가려 주는 모자는 정말 소중한 존재겠죠? 이처럼 빙하라는 모자는 우리 지구를 안전하게 보호하는 중요한 역할을 합니다.

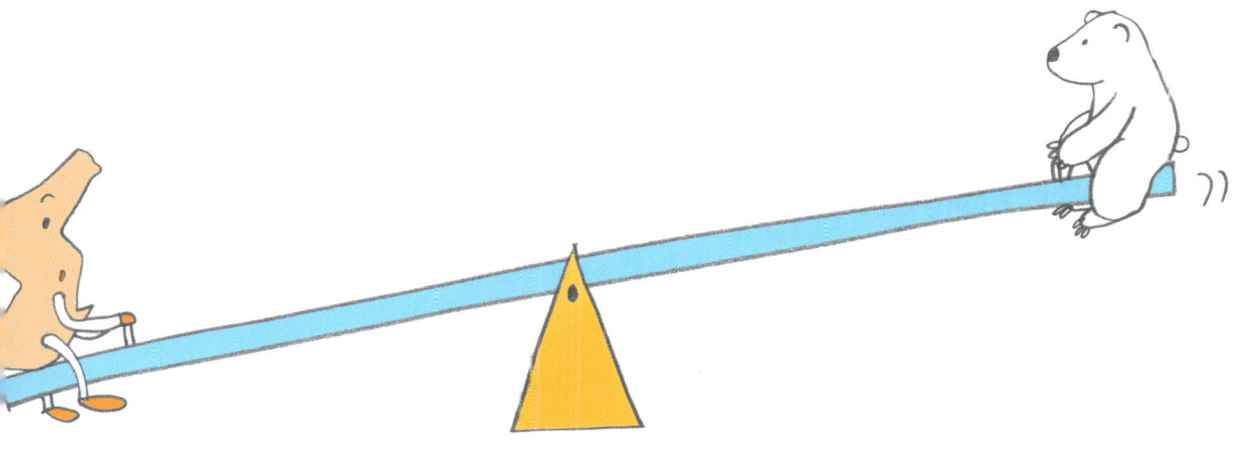

멀리 떨어진 극지방의 빙하가 우리가 사는 한국에 얼마나 영향을 줄까 라는 생각을 할지 모르지만, 실제로 지구를 둘러싸고 있는 공기는 여러 덩어리로 나누어져 시소같이 움직이고 있답니다. 빙하가 있는 극지역의 공기와 우리가 살고 있는 한국의 공기는 서로서로 영향을 주고받습니다.

시소처럼 한쪽이 올라가면 다른 쪽은 자동으로 내려가고, 또 어느 한 쪽이 움직이지 않으면 멈추어서 평형을 이루는 것과 비슷한 원리랍니다.

📺 아휴,

일기예보

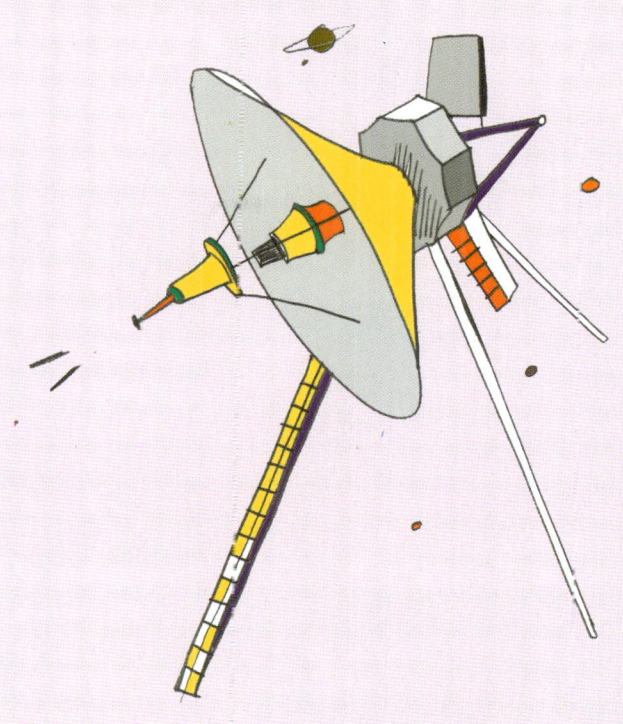

1. '맛있는 일기예보' 만들기
2. 온도계의 원리
3. 하늘을 떠다니는 눈, 인공위성
4. 간단히 그려 보는 일기도
5. 거대한 공기덩어리, 기단
6. 공기덩어리들의 힘겨루기, 전선

1. '맛있는 일기예보' 만들기

"내일은 운동회 날! 그런데 비가 온다니 어쩌죠?"

"이번 주말엔 가족들과 나들이를 갈 거예요. 저녁엔 쌀쌀하다니, 겉옷을 챙겨야겠네요!"

"뉴스에서 태풍이 우리나라를 지나갈 거라고 합니다. 어쩌면 학교를 하루 안 갈 수도 있겠는걸요, 유~후!"

이처럼 우리는 어떤 일을 계획할 때 날씨의 영향을 많이 받는답니다. 그래서 모두들 날씨를 궁금해합니다. 그렇다면 우리가 TV, 라디오, 신문과 인터넷에서 보고 듣는 일기예보는 어떻게 만들어지는 것일까요?

자, 지금부터 여러분도 기상캐스터가 되어 보자고요!

일기예보를 하는 것은 요리를 하는 것과 비슷하답니다. 우리 함께 '맛있는 일기예보'를 완성해 볼까요?

맛있는 일기예보 만들기 1 – 요리법

음식을 만들려면 요리법을 알아야 하는 것처럼 일기예보도 날씨를 만드는 중요한 요소가 어떤 것인지부터 알아야 한답니다.

날씨에서 가장 중요한 것은 다음의 세 가지입니다.

- **더운지 추운지**(온도)
- **맑은지 비가 오는지**(공기에 포함된 수증기)
- **공기의 움직임은 어떤지**(바람과 기압)

일기예보를 한다는 것은 바로 이 세 가지(기온과 강수, 기압)가 앞으로 어떻게 변할지를 예측하는 것입니다.

맛있는 일기예보 만들기 2 - 재료준비

이제 일기예보를 하기 위해서는 기온과 강수, 기압(바람)의 변화를 관찰하면 된다는 것을 알았습니다. 그런데 이것들은 어떻게 알 수 있을까요?

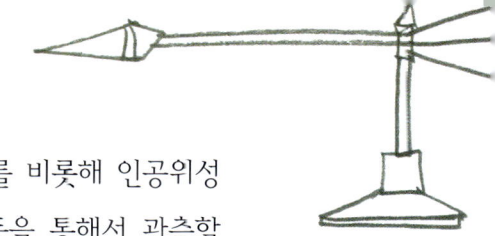

바로, 우리가 흔히 볼 수 있는 온도계나 풍향계를 비롯해 인공위성이나 자동기상관측장비(AWS), 에어존데 같은 것 등을 통해서 관측할 수 있답니다. 예전에는 기상자료들을 얻기 위해 고작 눈으로 관측하거나, 몸으로 느끼는 정도에 그쳤지만, 과학이 발달할수록 관측을 할 수 있는 방법과 도구가 다양해지고 또 점점 정확해지고 있습니다.

땅에서의 관측

AWS(Automatic Weather System) 자동기상관측

학교에서 '백엽상'이란 이름으로 불리는, 날씨를 관측하는 흰색의 작은 집을 본 적이 있을 겁니다. 그 백엽상에는 온도계나 풍향·풍속계, 습도계 같은 것들이 들어 있는데, 그 기계들을 자동화시킨 것이 바로 AWS입니다.

따라서, AWS에서는 기온과 풍향, 풍속, 습도, 기압, 강수량, 일사와 일조 등의 정보를 얻을 수 있으며, 관측된 정보를 매 시간 자동으로 예보하는 곳까지 보내 줍니다. 우리나라에는 400~500개 정도의 AWS가 곳곳에 설치되어 있답니다.

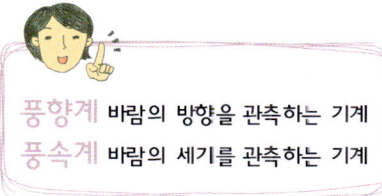

풍향계 바람의 방향을 관측하는 기계
풍속계 바람의 세기를 관측하는 기계

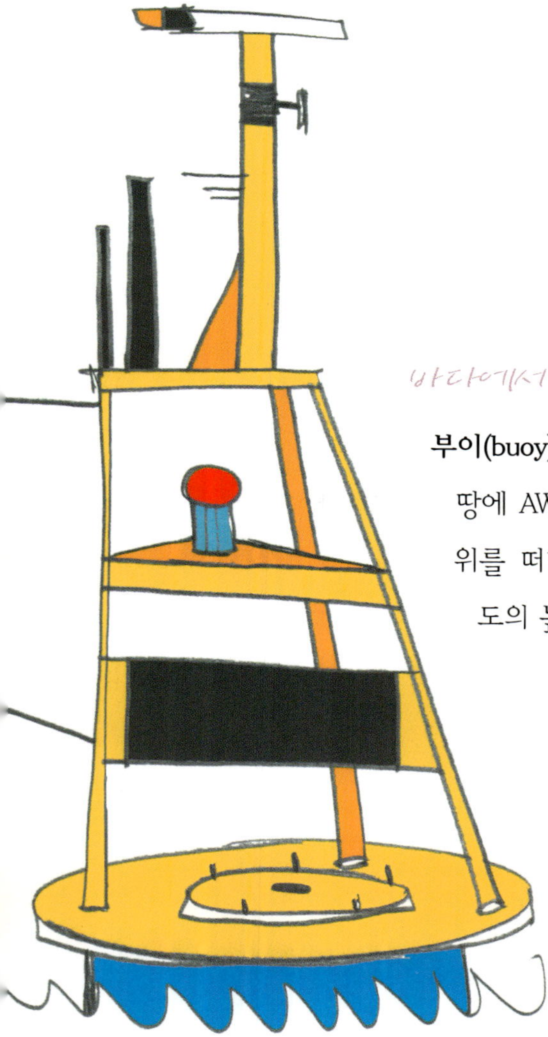

바다에서의 관측

부이(buoy)

땅에 AWS가 있다면, 바다에는 buoy가 있습니다. 바다 위를 떠다니며, 바닷물의 온도와 바닷바람의 상태, 파도의 높이 등을 관측해 줍니다.

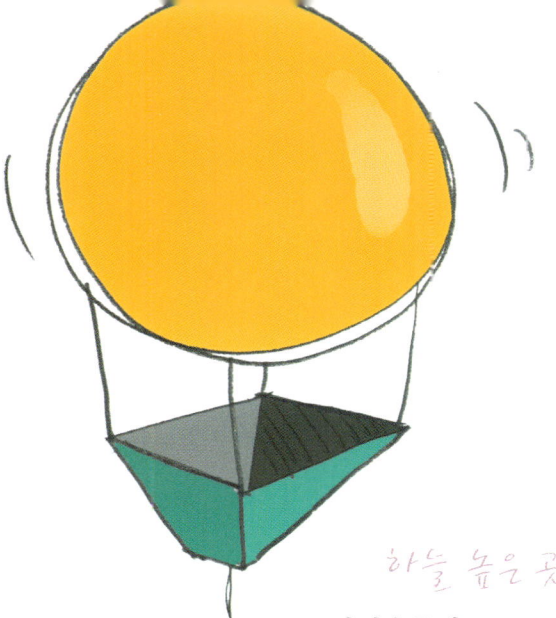

하늘 높은 곳(고층기상관측장비)에서의 관측

라디오존데

    라디오존데는 날씨 상태를 관측할 수 있는 조그마한 센서랍니다. 풍선에 매달아 하늘 위 30km 높이까지 띄워 보내면, 라디오존데가 하늘 위로 올라가면서 알아 낸 상층의 바람과 온도, 습도 등의 기상정보를 모아 지상의 관측소로 전송해 줍니다.

    이 장비는 한번 날아가면 찾거나 다시 쓸 수 없기 때문에 돈이 많이 듭니다. 그래서 우리나라의 경우 백령도, 오산, 속초, 광주, 포항, 제주, 이렇게 여섯 군데에서만 하루에 네 번 라디오존데를 띄웁니다.

맛있는 일기예보 만들기 3 - 잘 다듬어 완성

　재료만 잔뜩 모아 놓았다고 해서 먹을 수 있는 요리가 아닌 것처럼 기상자료들도 '예보관 요리사'의 손을 거쳐야만 정확한 일기예보가 된답니다.

　예보관 요리사는 손(수작업)과 칼(컴퓨터)을 이용해 재료를 손질합니다. 일기도를 그리고 도표를 만드는 것을 비롯해 지금까지의 과거 날씨 변화, 과학적인 자연의 법칙이나 컴퓨터가 계산해 낸 값들을 토대로 다듬기를 합니다. 여기에 경험이란 양념도 조금 가미해 일기예보의 틀을 만들어 냅니다.

　가장 마지막으로 최고의 요리사(예보관)들이 모두 모여 토론을 거쳐 예보를 확정하면, 손님상으로 나가는 완성된 요리처럼 일기예보가 발표됩니다. 그러면 우리는 TV나 라디오, 전화(131번), 인터넷, 팩스, 이메일, 핸드폰 문자서비스 등의 다양한 방법을 통해서 날씨 정보를 얻을 수 있답니다.

　맛있는 일기예보 완성!

2. 온도계의 원리

우리가 가장 쉽게 접할 수 있는 기상 관측 기구는 온도계일 거예요.

병원에서 몸의 온도를 재는 체온계부터, 전자시계처럼 온도가 바로 숫자로 표시되는 전자 온도계, 빵을 굽거나 고기를 구울 때 음식에 찔러서 사용하는 요리용 온도계까지, 온도계는 여러 모양을 하고 다양한 용도로 쓰이고 있습니다.

온도계는 생김새가 각각 다른 만큼 만들어지는 원리도 여러 가지랍니다. 물체가 열을 받으면 팽창하는 성질을 이용하기도 하고, 온도에 따라 전기량이 변하는 성질을 이용하거나, 뜨거운 물건이 밖으로 내보내는 복사선을 구별하는 방법 등이 많이 쓰이고 있습니다.

그중에서도 우리가 흔히 볼 수 있는 것은 수은 온도계나 알코올 온도계입니다. 우리가 밥(에너지)을 먹고 키가 커지듯이 물질도 열(에너지)을 받으면 부피가 커집니다(팽창). 수은이나 알코올처럼 작은 열에도 민감하게 반응하는 물질을 이용해서 커진 부피만큼 얼마나 온도가 높아졌는지를 나타낼 수 있게 만든 온도계랍니다.

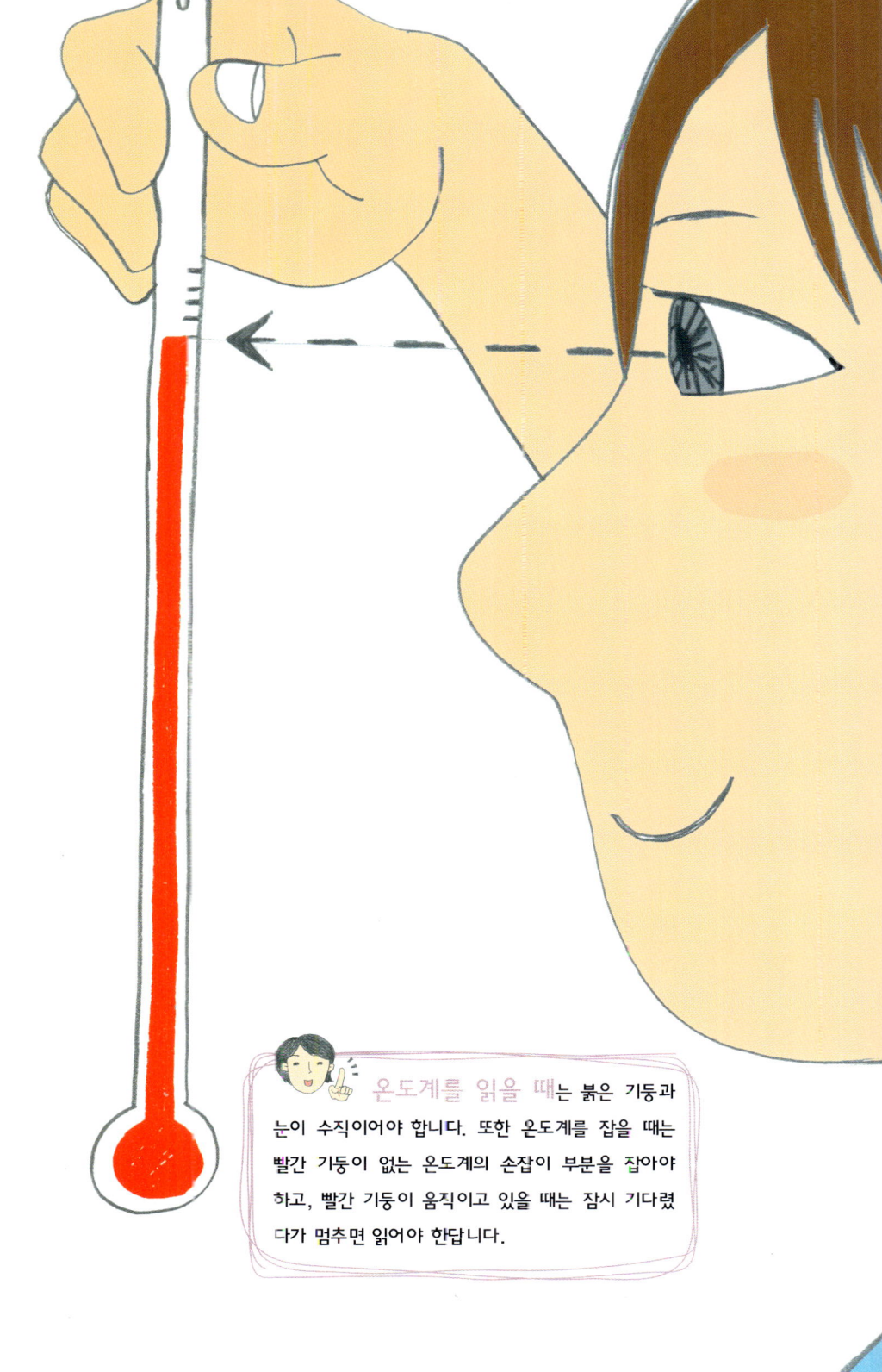

온도계를 읽을 때는 붉은 기둥과 눈이 수직이어야 합니다. 또한 온도계를 잡을 때는 빨간 기둥이 없는 온도계의 손잡이 부분을 잡아야 하고, 빨간 기둥이 움직이고 있을 때는 잠시 기다렸다가 멈추면 읽어야 한답니다.

3. 하늘을 떠다니는 눈, 인공위성

앞으로의 날씨를 예측하기 위해서는 현재의 공기 움직임을 정확히 관측하는 것이 매우 중요합니다. 그러기 위해서 AWS나 라디오존데, 레이더 등의 다양한 장비를 이용하는 것입니다. 그중에서도 지구 전체를 광범위하게 훑어보기 위해선 '인공위성'을 이용합니다.

인공위성은 지구 저 밖 우주를 빙글빙글 돌면서 지구를 바라보는 눈의 역할을 합니다. 아주 먼 곳까지도 자세히 들여다볼 수 있는, 최첨단 망원경이 우주 위에 떠 있는 셈이죠.

　인공위성을 통해서 구름의 움직임, 오존층의 파괴, 지구가 밖으로 뿜어내는 열, 빙하 등을 관측할 수 있고, 이렇게 관측된 여러 정보들은 날씨를 예보하는 데 매우 중요하게 사용됩니다. 인공위성을 이용해 날씨를 알아가는 것을 '위성기상학'이라고 합니다.

4. 간단히 그려 보는 일기도

일기도에는 기압과 기온, 날씨상태 등이 표시되어 있습니다.

꼬불꼬불 어렵게만 느껴지는 일기도. 어디 한번 우리도 일기도를 그려 볼까요?

1. 콩나물처럼 생긴 것들은 하늘의 상태와 바람의 세기, 바람의 방향을 표시한 것입니다.
2. 등압선은 압력이 같은 곳을 연결한 선입니다.
3. 기압이 주변보다 높은 곳(가장 높은 숫자가 있는 곳)에는 '고'
   기압이 주변보다 낮은 곳(가장 낮은 숫자가 있는 곳)에는 '저'
   를 적습니다.
4. 서로 다른 성질의 공기덩어리가 맞닿아 있는 곳에
   전선을 그려넣습니다.

저 995

1000

1004

1000

풍속선

120°

파향선

구름량

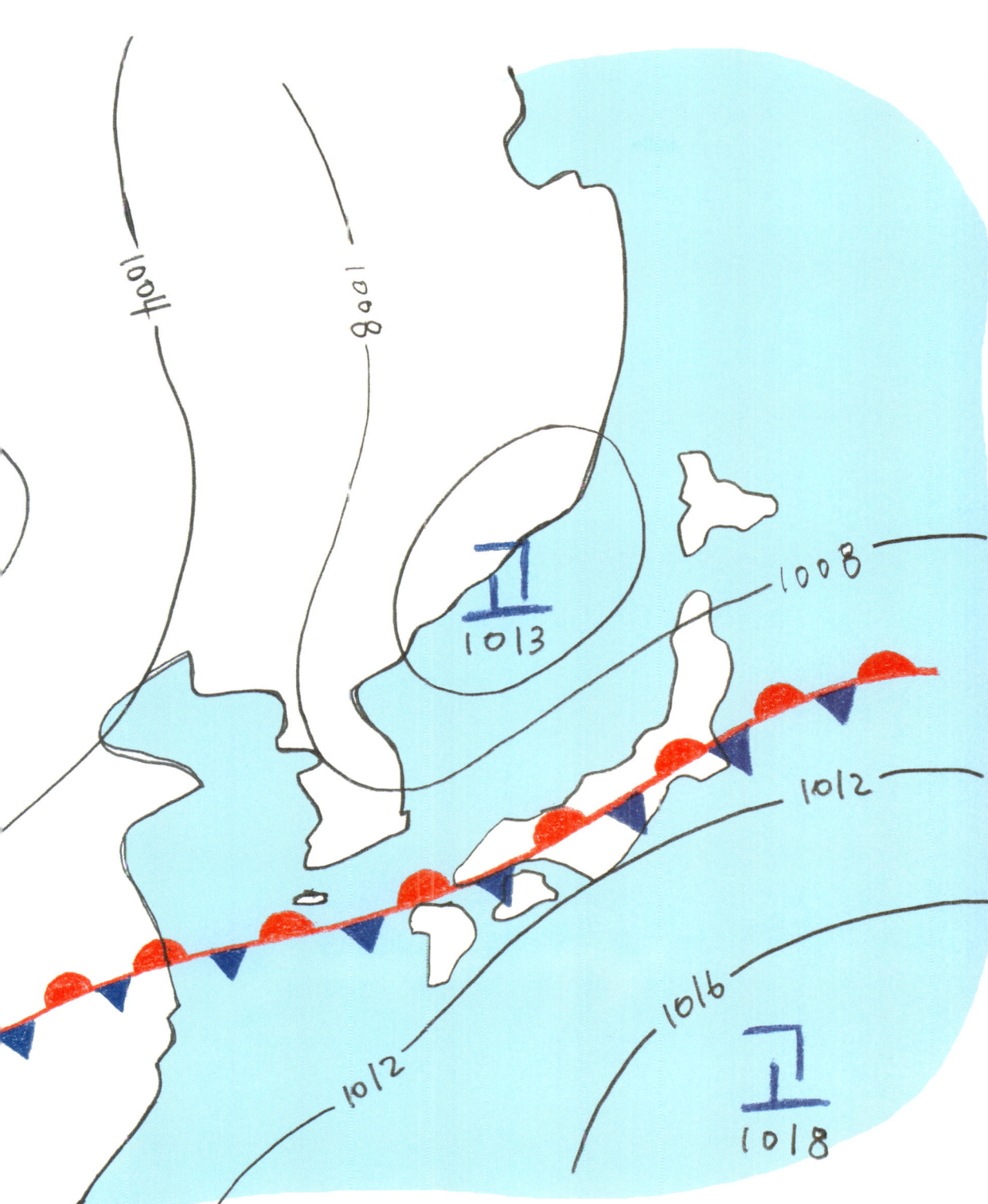

그려보세요!

996

1001

저

100m

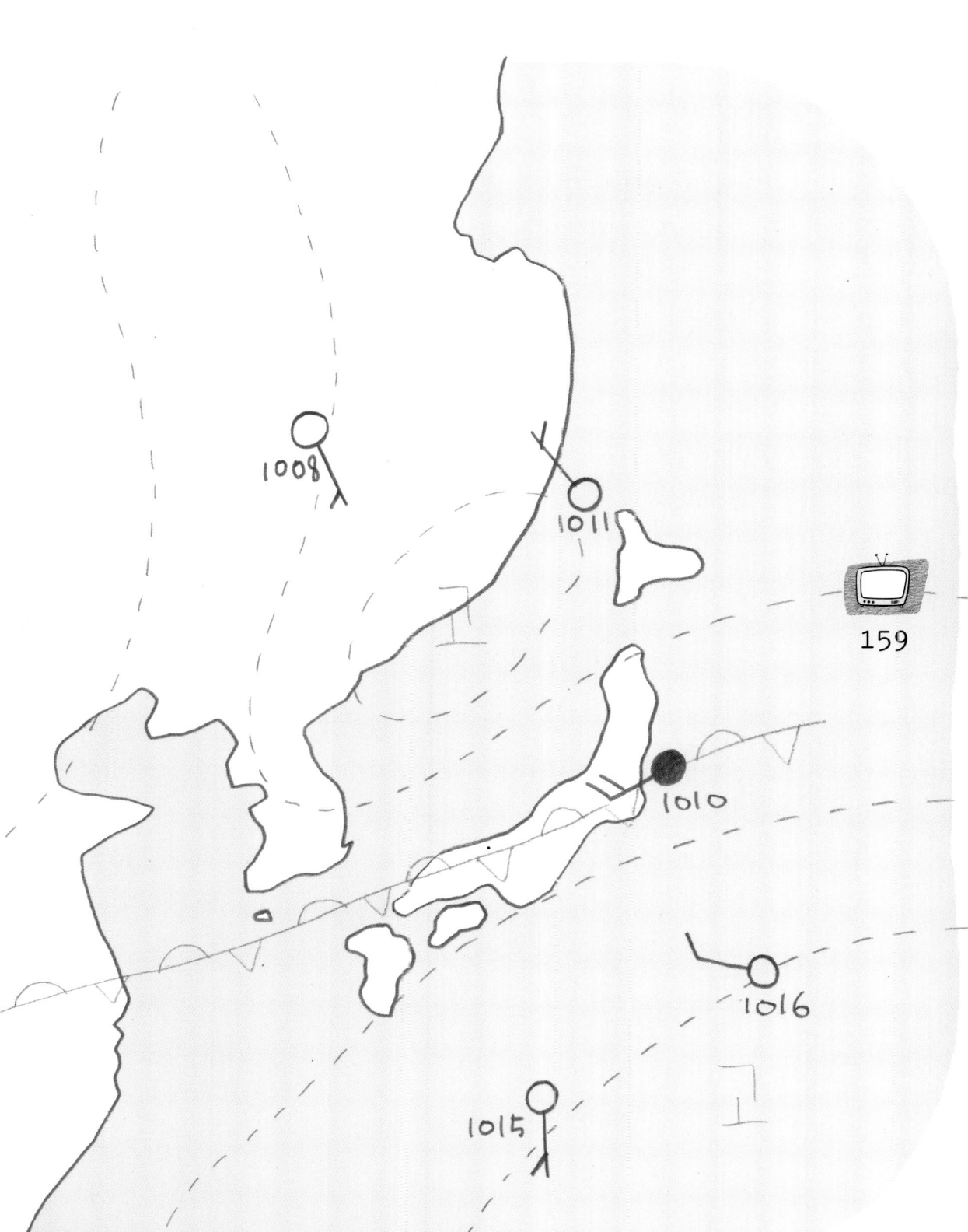

5. 거대한 공기덩어리, 기단

　기단이란 성질이 같은 거대한 공기덩어리를 가리킵니다. 성질이 같다는 것은 주로 기온과 습도가 같은 높이에서 수평적으로 아주 비슷하다는 것을 의미합니다. 일기 현상의 원인을 간략하게 설명하기 위해서 사용하는 개념입니다.

　기단의 종류에는 뜨거운 공기덩어리인 '열대기단', 차가운 공기덩어리인 '한대기단', 바다에서 생긴 공기덩어리인 '해양성기단', 육지에서 생긴 공기덩어리인 '대륙성기단' 으로 나눌 수 있습니다.
　이중에서 우리나라에 영향을 주는 기단은 시베리아 기단, 오호츠크 해 기단, 북태평양 기단, 양쯔강 기단이랍니다. 그럼 하나하나 살펴볼까요?

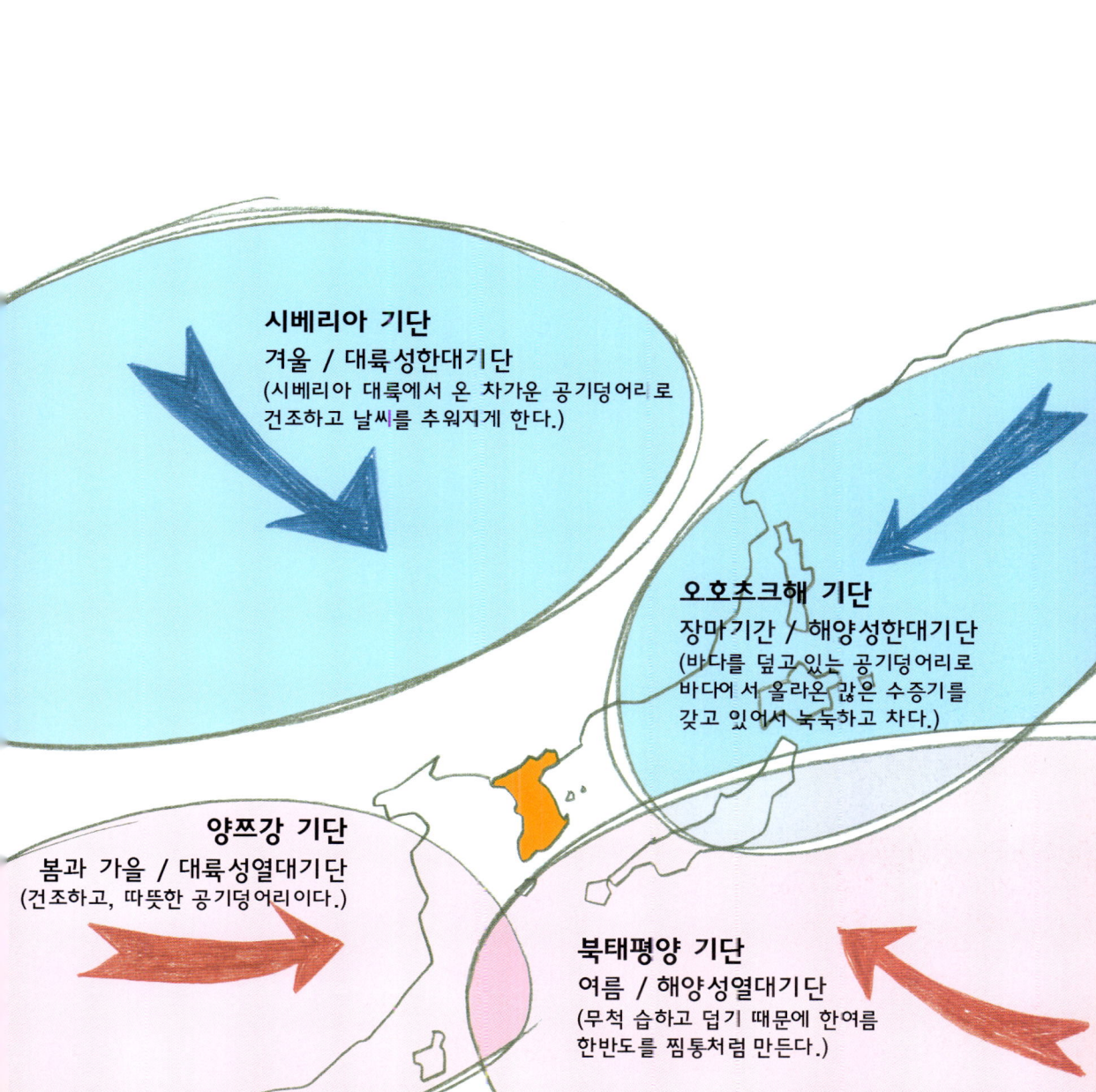

6. 공기덩어리들의 힘겨루기, 전선

　가끔은 친구들과 싸우는 경우가 있습니다. 성격이 달라, 서로를 이해하지 못하기 때문입니다. 공기도 우리들과 마찬가지로 서로 다른 성질의 공기덩어리와 부딪힐 경우 기세 싸움을 벌인답니다.

　이때 공기가 가진 성질이란 주로 기온을 의미합니다. 예를 들어 뜨거운 성질을 가진 공기덩어리와 차가운 성질을 가진 공기덩어리가 맞부딪히게 되면 이 두 공기는 성질(밀도)이 다르기 때문에 섞이지 못하고 힘겨루기를 시작합니다.

　이때 두 공기덩어리의 앞부분에서 서로 부딪히게 되는 부분을 '전선'이라고 합니다. 이렇게 공기덩어리 간의 싸움이 벌어지는 전선면에서는 많은 '비'가 내리고 강한 '바람'이 붑니다. 공기들이 서로의 불편한 심기를 표현하기 때문이죠. 요란한 싸움이 끝나고 우열이 가려지면 힘이 센 공기가 밀려오거나 성질이 비슷해져 안정을 되찾게 된답니다.

　일기도 상에서 전선이 그려진 곳에는 비가 내리고 바람이 붑니다. 또 힘이 비슷한 두 기단이 부딪히게 되면, 우열을 가리기 어려워 힘겨루기가 쉽게 끝나지 않습니다.

6월 말에서 7월 사이 약 한 달 정도 우리나라 부근에선 남쪽의 북태평양기단과 북쪽의 오호츠크해 기단 간의 싸움이 벌어집니다. 막상막하의 두 기단 간의 싸움은 쉽게 끝나지 않아 오랜 기간 비오는 날씨가 이어지는데 이것이 바로 '장마' 입니다.

2. 날씨와 생활

1. 24절기를 아세요?
2. 습도가 높으면 불쾌지수도 높아져요
3. 생활 속 날씨 지혜
4. 날씨와 건강한 생활 1
5. 날씨와 건강한 생활 2
6. 기후에 적응하기
7. 악~ 뜨거워 못살겠어! 악~ 추워 못살겠어!

1. 24절기를 아세요?

　우리나라의 사계절인 봄, 여름, 가을, 겨울은 한자로 춘하추동(春夏秋冬)이라고 합니다. 24절기는 중국 주(周)나라 때 화북지방의 날씨와 생활 상태에 맞춰 만들어졌기 때문에, 지금 우리나라의 상황과 딱 맞아떨어지지는 않습니다.

입춘(立春) 봄으로 들어서는 날.
'입춘대길' 같은 좋은 글을 써서 대문이나 대들보에 붙였답니다.

우수(雨水) 봄 기운이 감돌기 시작해요. 얼음이 풀려 물이 되는 때.

경칩(驚蟄) 겨울잠을 자던 동물이 깨어나요.

춘분(春分) 밤과 낮의 시간이 같아지는 날.
아직은 봄바람이 만만치 않고 꽃샘추위도 있답니다.

청명(淸明) 봄이 되면서 활기가 넘치고, 주변이 맑고 밝아진다는 의미예요.

곡우(穀雨) 봄비가 내려 곡물을 적시고 싹이 트게 한답니다.

입하(立夏) 여름이 시작됩니다.

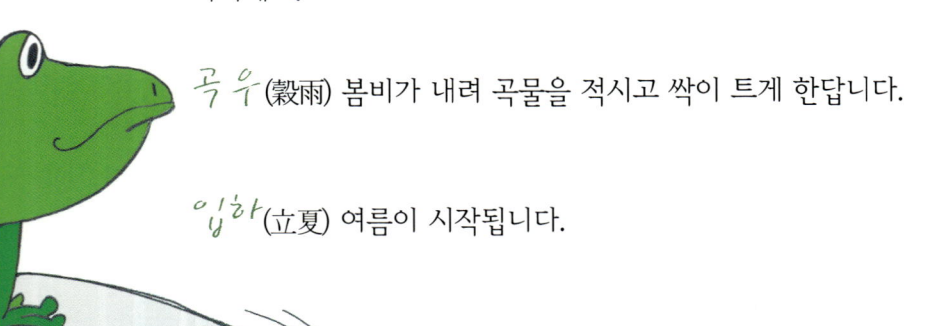

소만(小滿) 식물이 자라나는 때로, 양기가 꽉 찼다는 의미입니다.

망종(亡種) 곡식의 씨를 뿌리는 시기.

하지(夏至) 일 년 중 낮이 가장 긴 때랍니다.

소서(小暑) '작은 더위'란 뜻으로 차차 더위가 시작된답니다.

대서(大暑) 일 년 중 가장 더울 때입니다. 보통 중복 무렵으로, 장마가 완전히 물러가면서 본격적인 찜통더위가 기승을 부리기 시작한답니다.

입추(立秋) 가을로 접어듭니다.

처서(處暑) 더위가 멈춘다는 뜻이에요. 따가운 햇빛이 누그러지면서 날씨가 점점 서늘해진답니다. "처서가 지나면 모기 입도 비뚤어진다"는 속담은 처서 이후에 날씨가 서늘해져서 벌레들이 사라진다는 의미랍니다.

백로(白露) 하얀 이슬, 즉 풀잎에 맺힌 이슬을 두고 한 말입니다. 가을이 되고 밤 기온이 떨어지면서, 새벽에 이슬이 맺히는 때입니다.

추분(秋分) 밤과 낮의 길이가 같아집니다.
추분 이후에는 밤이 더 길어진답니다.

한로(寒露) 찬 이슬이 맺힌다는 뜻이에요.

상강(霜降) 서리가 맺혀요.

입동(立冬) 겨울이 시작됩니다.

소설(小雪) 첫눈이 내릴 무렵으로 이즈음부터 눈이 내리기 시작한답니다.

대설(大雪) 많은 눈이 내리는 시기를 의미합니다.

동지(冬至) 일 년 중 밤이 가장 긴 날. 팥죽을 쑤어 먹는답니다.

소한(小寒) 작은 추위란 의미로 추위가 본격적으로 시작될 때랍니다.

대한(大寒) 일 년 중 가장 추울 때를 의미하는 절기랍니다.

2. 습도가 높으면 불쾌지수도 높아져요

　불쾌지수는 이름 그대로 얼마나 불쾌한지를 나타내는 것입니다.
　한여름, 누가 뭐라고 한 것도 아닌데 괜히 짜증스럽고 신경질이 났던 경험이 여러분도 있을 겁니다. 유독 여름에만 이렇게 지치고 불쾌해지는 이유는 바로 '습도' 때문입니다. 30℃를 웃도는 뜨거운 열기가 있기도 하지만, 무엇보다 한여름에는 습도가 높기 때문에 우리 몸에서 나온 땀이 잘 증발되지 않아서 체온조절이 쉽지 않습니다. 기온이 높아도 습도가 낮다면 불쾌지수는 그리 높지 않습니다.

불쾌지수는 1847년 Thom이란 미국의 기후학자가 기온이 높고 습도가 높으면 사람들이 짜증을 내는 것을 관찰해 고안한 것입니다. 기온이 높을수록, 습도가 높을수록 불쾌감을 느끼는 사람의 수가 얼마나 증가하는가를 나타냈는데 보통 실내의 무더위 정도를 나타내는 데 적합합니다.

3. 생활 속 날씨 지혜

❖ 가을비는 장인 구레나룻 밑에서도 피한다

가을비는 여름비에 비하면 양이 매우 적습니다. 그래서 쉽게 피할 수 있다는 얘기입니다. 단, 가을비는 차갑게 때문에 여름비와는 사뭇 다른 느낌으로 냉기를 느끼게 됩니다.

❖ 눈발이 잘면 춥다

겨울에 눈발이 잘면 춥고, 눈발이 크면 날이 풀린다는 의미입니다. 눈은 하늘 위의 온도가 낮을 때 가루눈이 되고, 온도가 높을 때는 함박눈이 되기 때문입니다. 떡가루와 같이 눈발이 잘면 찬공기가 몰려오고 있는 것으로 추워질 징조라고 할 수 있습니다.

❖ 꽃샘추위에 설 늙은이 얼어 죽는다

초봄! 옷차림이 겨울보다 얇아진 것에 비해, 한 번씩 찾아오는 꽃샘추위의 심술은 만만치 않습니다. 이른 봄 꽃이 필 즈음 예상외로 추울 때가 많다는 뜻입니다.

❖ 장마 끝물의 참외는 거저 줘도 안 먹는다

장마 때는 비가 많이 와서 과일 맛이 떨어집니다. 장마 뒤에 먹는 참외 역시 예외는 아닙니다. 빗물로 인해서 썩는 참외도 많고, 물이 많아서 참외의 단맛을 느끼기에 영 탐탁치 못하기 때문입니다.

때론 이런 상황에 빗대어 알맹이는 쏙 챙기고 껍데기만 인심 쓰듯 주는 것을 꼬집어 말할 때 쓰이기도 합니다.

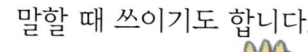

❖ 개구리가 울면 비가 온다

개구리는 폐뿐만 아니라 피부로도 숨을 쉽니다. 그런데 비가 오기 전 공기 중의 수증기량이 증가하면 피부로 숨을 쉬기 불편해집니다. 그래서 피부가 호흡하지 못한 산소의 양만큼 폐로 들이마셔야 하기 때문에, 더 크게 입을 벌려 호흡을 합니다. 바로 그 소리가 개골개골 개구리 울음소리랍니다.

❖ 처서가 지나면 모기도 입이 비뚤어진다

처서는 더위가 멈춘다는 뜻입니다. 처서가 지나면 더위가 한풀 꺾여 아침저녁으론 찬공기가 느껴지고 점차 모기나 파리도 자취를 감춥니다.

❖ 대한이 소한 집에 놀러 왔다 얼어 죽었다

대한은 큰 추위, 소한은 작은 추위란 의미를 갖고 있는 절기랍니다. 그런데 이름과는 반대로 대한보다 소한 때 더 춥다는 의미입니다. 평균적으로 일 년 중 가장 추운 시기는 당연히 대한이지만, 소한 때까진 아직 추위에 적응이 되지 않기 때문에 추위를 더욱 심하게 느껴 생긴 속담입니다.

4. 날씨와 건강한 생활 1

여름

자외선

아무리 뜨거운 뙤약볕도 우리의 정열을 막을 순 없습니다! 햇빛이 뜨거워도 친구들과 뛰어노는 일은 너무나 즐겁고, 휴가철에 온 가족이 해변으로 놀러가는 일만큼 신나는 것도 없죠.

하지만, 한 가지 주의해야 할 것이 있답니다. 바로 자외선입니다. 자외선은 뜨거운 햇빛에 들어 있는데, 강한 자외선에 오랫동안 피부가 노출되면 피부가 빨갛게 되면서 화끈거리기도 합니다. 이것은 약한 화상을 입은 것입니다. 이럴 땐 차가운 물수건으로 식혀 주거나 심할 경우 피부과에 가야 합니다. 여름철에 바깥에서 놀 땐 자외선이 가장 강한 정오 무렵을 피하는 것이 좋고, 모자를 쓰거나 자외선을 막아 주는 화장품을 바르는 것도 도움이 됩니다.

선풍기, 시원하지만 잠잘 때는 꼭 끄고 주무세요!

한여름 선풍기 바람이 여간 고맙고 시원한 게 아닐 겁니다. 하지만 이런 선풍기 바람도 해를 끼칠 수 있답니다.

우리 몸은 항상 36.5℃를 유지해야 합니다. 그런데 선풍기 바람은 몸의 온도를 빼앗아 갑니다. 의식이 있을 때는, 선풍기 바람을 쐬다가 어느 정도 몸이 시원해지면 선풍기를 끄거나 옷을 걸치는 등의 행동을 할 수 있습니다. 하지만 잠을 잘 땐 반응이 무뎌지기 때문에, 몸의 온도가 계속 떨어지고 있는 줄도 모른 채 잠들어 있다가 생명을 잃을 수도 있답니다. 선풍기 바람에 얼어 죽을 수 있다는 얘기니, 조심해야겠죠!

한여름 차 안에 애완동물이나 아기를 혼자 두면 위험해요!

자동차 안은 밀폐되어 있는 데다가 차체는 철로 되어 있기 때문에, 한여름의 뙤약볕에선 잠깐 사이에도 차 안의 온도가 무려 80℃ 이상 올라가게 된답니다. 이렇게 뜨거운 곳에 아기나 애완동물을 두면 열사병으로 죽을 수 있습니다.

식중독

음식이 상한다는 것은 음식에 균이 많아진다는 의미입니다. 이 균은 더운 날씨와 눅눅한 것을 아주 좋아한답니다. 그래서 장마 이후 습도가 높아지고 무더위가 찾아오면 음식 속에서 균들이 제 세상을 만난 것처럼 재빠르게 번식한답니다. 여름철에는 음식을 먹을 때 더욱 주의 깊게 살피세요!

겨울

한겨울에는 문틈 사이로 비집고 들어오는 약간의 바람도 꽤나 매섭습니다. 그래서 문을 더 꼭꼭 닫아 두고 창문을 거의 열지 않게 되죠. 하지만 공기 환기를 자주 하지 않으면 건강을 해칠 수 있답니다.

사람이 숨을 쉴 때는 산소를 들이마시고 이산화탄소를 내뱉습니다. 갇힌 공간에 계속 있다 보면 이산화탄소는 쌓여 가고, 산소는 점점 부족해지기 때문에 공기가 텁텁하게 느껴지고 머리가 지끈거릴 수 있습니다. 창문을 자주 열어 환기를 시키는 것은 매우 중요하답니다.

봄·가을

봄·가을은 여름과 겨울을 연결해 주는 계절입니다. 그래서 여름의 느낌과 겨울의 느낌이 줄다리기를 하면서 날씨변화가 심합니다. 그리고 이런 날씨의 변화에 맞춰 우리 옷차림도 바뀌는 때입니다.

일 년 중에서 감기 환자가 가장 많은 때는 한겨울이 아니라 3~4월인 봄입니다. 가장 추운 겨울에 감기 환자가 많을 것 같지만, 실상은 추위에 대한 대비가 부족한 환절기에 감기 환자가 더 많습니다. 봄에는 옷차림이 점점 얇아지는데 비해 밤과 새벽의 기온은 큰 폭으로 떨어지거나 꽃샘추위도 있기 때문입니다. 또 가을에는 갑자기 찾아드는 기습추위에 준비가 덜 되어 있으므로, 한겨울 추위에 단단히 대비했을 때보다 더욱 감기에 걸리기 쉬운 상태가 된답니다.

5. 날씨와 건강한 생활 2

이열치열? 노! 노! 본능에 충실해~!

한여름 가장 더운 복날 삼계탕 집 앞은 사람들로 긴 줄을 이루고 있습니다. 식당 안에선 사람들이 땀을 뻘뻘 흘리며 "어~ 시원하다"는 말을 연발합니다. 하지만 과연 더위에 지칠 대로 지친 날 뜨거운 음식으로 우리 몸을 건강하게 할 수 있는 걸까요? 답은 결코 '**아니다**' 입니다.

우리 몸은 원하는 것을 표현하도록 만들어져 있습니다. 덥다고 느끼는 것은 시원하게 해달라는 신호이고, 춥다고 느끼는 것은 따뜻하게 해달라는 의미입니다.

더위에 힘들어하는 몸 속에 뜨거운 음식을 넣어서 몸의 온도를 더욱 끌어올려 과도하게 땀을 흘리는 것은 몸을 한층 더 지치고 힘들게 괴롭히는 것이랍니다.

몸이 한쪽으로 너무 치우치는 것은 좋지 않습니다. 더위에 지친 몸에 뜨거운 음식을 넣어서 더욱 열을 올리는 것은 불난 집에 기름을 붓는 것과 마찬가지랍니다.

땀을 많이 흘렸을 때는 '차가운 이온음료'를!

땀을 너무 많이 흘려도 생명이 위험해질 수 있답니다. 이럴 땐 몸의 온도를 낮추기 위해서 차가운 물을 마셔야 합니다. 그리고 땀과 함께 빠져 나간 무기이온을 보충할 수 있는 이온음료라면 더욱 좋습니다. 간혹 소금물을 마시면 좋다는 얘기도 들리는데, 소금물은 몸의 균형을 깨뜨리고 탈수증상을 불러오기 때문에 마시지 않는 것이 좋습니다.

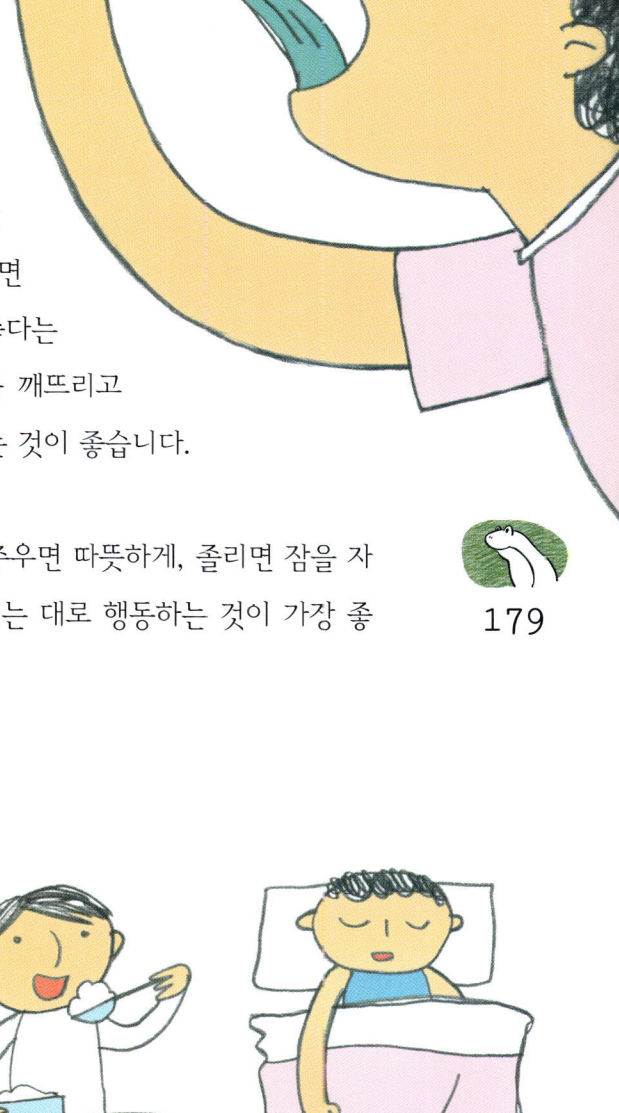

몸이 원하는 대로, 더우면 시원하게, 추우면 따뜻하게, 졸리면 잠을 자고, 배가 고프면 음식을 먹고, 몸이 시키는 대로 행동하는 것이 가장 좋고 현명한 것이랍니다!

6. 기후에 적응하기

어떤 기후에서 살고 있느냐에 따라 우리 몸도 그에 맞게 변화합니다. 적도 부근에 사는 부시맨과 우리의 모습만 비교해 봐도 다른 점이 꽤 보입니다. 사람의 몸은 처해진 환경에 잘 적응할 수 있게 변화하는 능력을 갖고 있기 때문이랍니다.

더운 지방

피부색이 검어요! 피부가 검게 보이는 것은 멜라닌 색소 때문입니다. 피부가 까무잡잡한 친구는 하얀 살결의 친구보다 멜라닌 색소가 많은 것입니다. 그런데 이 멜라닌이라는 것은 강한 자외선으로부터 피부를 보호해 주는 아주 중요한 녀석입니다. 햇빛이 강렬한 적도 부근에서 살기 위해서는 몸이 멜라닌 색소를 많이 만들어서, 피부를 보호할 수 있도록 해야 하는 것입니다.

머리는 곱슬! 머리카락은 햇빛이 직접 머리에 내리쬐지 않도록 도와줍니다. 특히, 곱슬머리는 머리카락 사이사이에 공간이 있어서 공기가 더 잘 통한답니다. 그래서 곱슬머리가 생머리보다 더 시원해요.

땀샘은 많아요! 뜨거운 여름날 몸이 열을 받게 되면, 땀이 나면서 몸 밖으로 열을 날려 보냅니다. 그래서 더운 지방에 사는 사람들은 땀이 잘 날 수 있도록 땀샘이 많답니다.

추운지방

코가 길고 큽니다! 추운 지방의 차가운 공기가 폐로 들어오기 전에 긴 코를 통해서 따뜻하게 데워질 수 있도록 변해 왔답니다.

털이 많아요! 아무래도 몸에 털이 많으면 추위로부터 몸을 보호하는 데 유리하겠죠.

활발한 기초대사량 추운 지방에 사는 사람들은 더운 지방 사람들보다 기초대사가 15~30% 정도 더 활발합니다. 기초대사라는 것은 사람이 살아서 움직이는 데 필요한 가장 기본적인 에너지(힘)입니다. 기초대사가 활발할수록 몸에서 더 많은 열을 뿜어낸답니다. 또 추운 지방 사람들은 손과 발에 도는 피의 양도 많은데, 이것 역시 추위를 이겨내기 좀더 쉽게 몸이 적응하고 있는 것이랍니다.

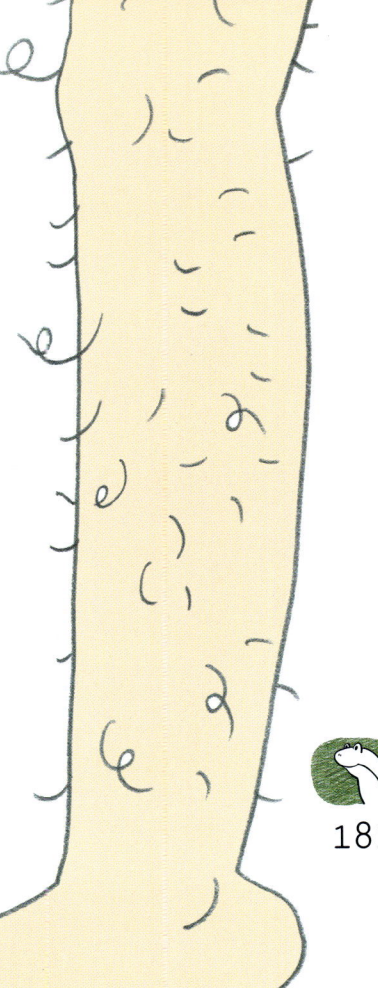

7. 악~ 뜨거워 못살겠어! 악~ 추워 못살겠어!

50℃를 넘나드는 열대사막, 영하 65℃ 가까이 떨어지는 시베리아, 산소가 충분하지 않은 해발 4,000~5,000m의 높은 산 위까지. 어떤 어려움이 있는 곳에서도 사람이 살아가고 있는 모습을 볼 수 있습니다. 과연 우리 인간이 견딜 수 있는 날씨 조건은 어느 정도까지 일까요?

앞에서도 얘기했지만 사람은 체온을 항상 36.5℃로 유지해야만 합니다. 하지만 공기의 온도가 계속 올라가거나 계속 내려가면 우리 몸도 정상적인 상태를 유지하기 힘들어집니다. 지금까지 알려진 바로는 기온이 65℃를 넘어서면, 땀을 아무리 흘려도 주변이 너무 뜨겁기 때문에 체온을 정상적인 상태로 끌어내릴 수 없다고 합니다. 또 체온이 36.5℃에서 1.5℃만 떨어져도 저체온증에 걸리고, 목숨을 잃을 수 있습니다.

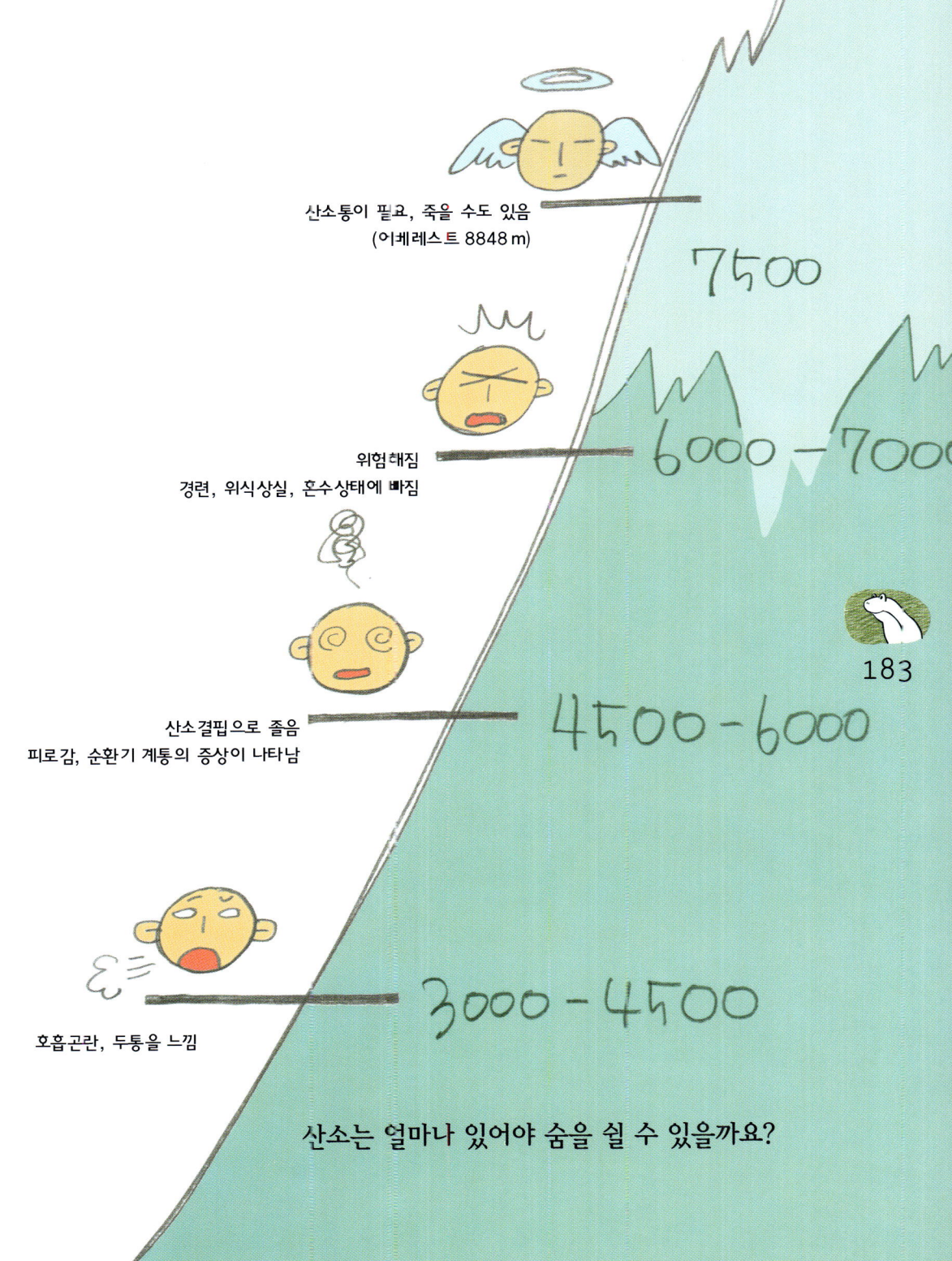